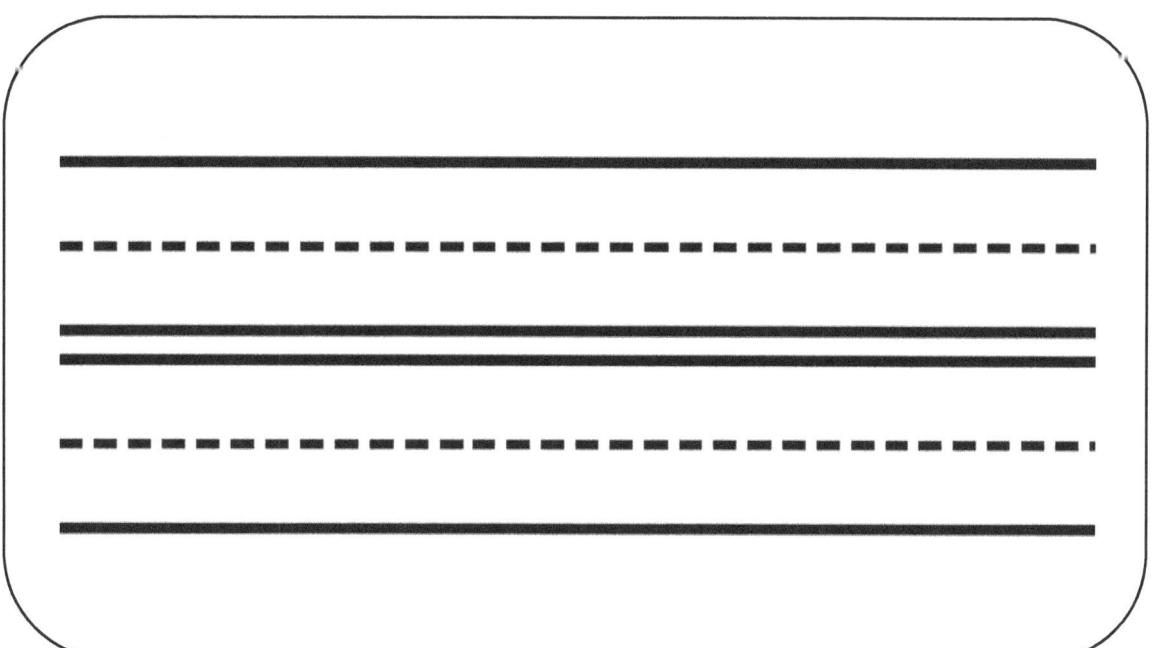

Nancy Balcazar Olguin
N. Balcazar Olguin Consulting
Copyrigth ©Txu 2-266-013

Copyrigth © TXu 2-266-013

Segunda edición: 2021
ISBN: 978-1-7376949-0-8

Reservados todos los derechos. Queda rigurosamente prohibida, sin la autorización escrita de los titulares del "Copyright", bajo las sanciones establecidas en las leyes, la reproducción parcial o total de esta obra por cualquier medio o procedimiento, incluidos la reprografía y el tratamiento informático, así como la distribución de ejemplares mediante alquiler o préstamos públicos.

ÍNDICE

Hojas de práctica de apoyo

Vocales .... 7 – 12

El pronombre personal "usted" vs "tú" .... 13 – 18
En español, tenemos un pronombre personal singular: "usted", que lo usamos cuando nos dirigimos a personas adultas o mayores en vez de usar el pronombre personal: "tú". En kindergarten les enseñamos a los estudiantes a usar el pronombre personal "tú" cuando se dirigen a sus amigos y "usted" para sus maestros o personas mayores.
Por ejemplo:
-A mi maestra: "Buenos días, ¿Cómo está usted?
-A un amigo: Hola, ¿Cómo estás tú?

Actividades con el nombre del estudiante como el concepto de palabra .... 19 – 25

Número de sílabas en una palabra .... 26 – 32

La gramática

Los sustantivos .... 33 – 150
Los sustantivos son palabras que representan a personas, animales, lugares o cosas. A los sustantivos los podemos ver, oler, oír, tocar, sentir, imaginar.
Escritura – Sopa de letras – Lámina - Diferencia entre letra, palabra, sílaba y oración

El género del sustantivo .... 151 – 161
Todos los sustantivos en español tienen un género, masculino o femenino. Para determinar el género del sustantivo, hay que prestar atención a la última letra de la palabra. Por consiguiente, si la palabra termina en –o, es una palabra masculina y si termina en –a es una palabra femenina. Existen palabras que no siguen esta regla.

El número del sustantivo: singular y plural .... 162 – 168
Un sustantivo puede ser singular o plural.
Si un sustantivo singular termina en una letra vocal, para formar el plural se le agrega la letra "-s" al final de este. Si un sustantivo singular termina en la letra consonante "l, n, r, j" para formar el plural se le agrega "-es" al final de este.

Los artículos determinados en singular (el, la) .... 169 - 180
Los artículos son palabras cortas que se colocan antes de los sustantivos, varían de acuerdo al género y el número de estos. Los artículos determinados los usamos cuando nos referimos a un sustantivo específico, que la persona que está escuchando lo puede identificar. El artículo determinado "el" (sin tilde), se coloca antes de un sustantivo masculino singular y el artículo determinado "la", se coloca antes de un sustantivo femenino singular.

El verbo "ser" en singular (es) con los artículos (el, la) .... 181 - 188
El uso del verbo ser (es) para expresar características propias de un sustantivo en singular.

Los artículos determinados en plural (los, las) .... 189 - 198
Los artículos son palabras cortas que se colocan antes de los sustantivos, varían de acuerdo al género y el número de estos. Los artículos determinados los usamos cuando nos referimos a un sustantivo específico, que la persona que está escuchando lo puede identificar. El artículo determinado "los", se coloca antes de un sustantivo masculino plural y el artículo determinado "las", se coloca antes de un sustantivo femenino plural.

El verbo "ser" en plural (son) con los artículos (los, las) .... 199 - 201
El uso del verbo ser (son) para expresar características propias de más de un sustantivo, en concordancia con los artículos determinados en plural (los, las).

Los artículos indeterminados en singular (un, una) .... 202 - 204
Los artículos son palabras cortas que se colocan antes de los sustantivos, varían de acuerdo al género y el número de estos. Los artículos indeterminados, los usamos cuando nos referimos a algo que no es específico y que la persona que está escuchando no lo puede identificar. El artículo indeterminado "un", se coloca antes de un sustantivo masculino singular y el artículo determinado "una", se coloca antes de un sustantivo femenino singular.

El verbo "ser" en singular (es) con los artículos (un, una) .... 205 - 210
El uso del verbo ser (es) para expresar características propias de un sustantivo, en concordancia con los artículos indeterminados en singular (un, una).

Los artículos indeterminados en plural (unos, unas) .... 211 - 213
Los artículos son palabras cortas que se colocan antes de los sustantivos, varían de acuerdo al género y el número de estos. Los artículos indeterminados, los usamos cuando nos referimos a algo que no es específico y que la persona que está escuchando no lo puede identificar. El artículo indeterminado "unos", se coloca antes de un sustantivo masculino plural y el artículo determinado "unas", se coloca antes de un sustantivo femenino plural.

El verbo "ser" en plural (son) con los artículos (unos, unas) .... 214 - 216
El uso del verbo ser (son) para expresar características propias de más de un sustantivo, en concordancia con el artículo indeterminado en plural (unos, unas).

Pronombre personal "yo" y el pronombre reflexivo "me" .... 217 - 219
El pronombre "yo" es un pronombre personal singular que especifica la persona que realiza la acción. Por ejemplo: Yo veo el perro.
El pronombre "me" es un pronombre reflexivo. Se usa con el verbo reflexivo "gustar". En los verbos reflexivos la acción recae en la persona que la está ejecutando. Por ejemplo: Me gusta el perro.

El pronombre personal "él" y el artículo determinado "el" .... 220 - 222
La palabra "él" con tilde es la tercera persona singular de los pronombres personales, reemplaza al nombre de la persona. Por ejemplo: "Juan va a la casa" cambia a: Él va a la casa.
La palabra "el" sin tilde es un artículo determinado singular que se usa antes de un sustantivo de género masculino. Por ejemplo: el libro, el carro, etc.

El pronombre personal "tú" y el pronombre posesivo "tu" .... 223 - 224
La palabra "tú" con tilde es la segunda persona singular de los pronombres personales. Por ejemplo: Tú vas a la escuela.
La palabra "tu" sin tilde es un pronombre posesivo. Por ejemplo: tu cuaderno, tu lápiz.

Los verbos en infinitivo .... 225 - 232
Los verbos en infinitivo son palabras que representan una acción sin que se hable del número, persona o tiempo en que ocurre esta acción. Los verbos en infinitivo no están conjugados. Los verbos en infinitivo pueden terminar en -ar, -er, -ir.

Uso del verbo "poder" conjugado en la primera persona singular "yo" .... 233 - 235
Usando el verbo poder en primera persona singular: "puedo" más el uso de un verbo en su forma infinitiva podemos expresar una acción posible a realizar. Por ejemplo: Yo puedo cantar.

El verbo "ser" y "estar" .... 236 - 238
Usamos el verbo "ser" para situaciones duraderas, por ejemplo: género, profesión, nacionalidad, características físicas. Usamos el verbo "estar" para situaciones temporales, por ejemplo: lugares, estados emocionales temporales.

La preposición "de" para indicar posesión 239- 248
Ejemplo:

_____   _____   de   _____
       Art.   Sust. Cosa   Nombre de una persona

Hojas de práctica de apoyo

"Y" como palabra .... 249 - 252

Palabras frecuentes .... 253 - 286

Lectura .... 287 - 300

Sílaba tónica .... 301 - 314
En una palabra hay una sílaba en que recae la mayor fuerza de voz.

Hoja de resultados .... 271 - 263

Vocales

Nombre:_____

Páginas de práctica

Vocales

Encuentra y pinta todas las letras: Aa

Escribe dos letras mayúsculas y dos minúsculas de letra vocal A-a.

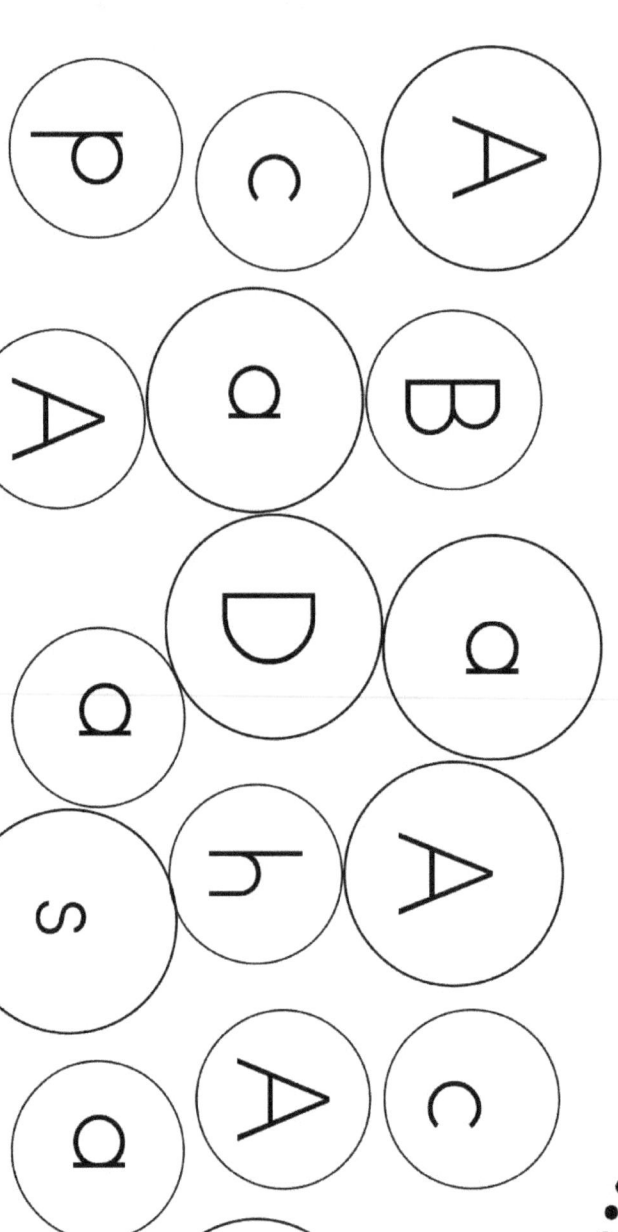

Nombre: _____

Páginas de práctica

Vocales

Encuentra y pinta todas las letras: Ee

Escribe dos letras mayúsculas y dos minúsculas de letra vocal Ee.

Nombre:_____

Páginas de práctica

Vocales

Encuentra y pinta todas las letras: Ii

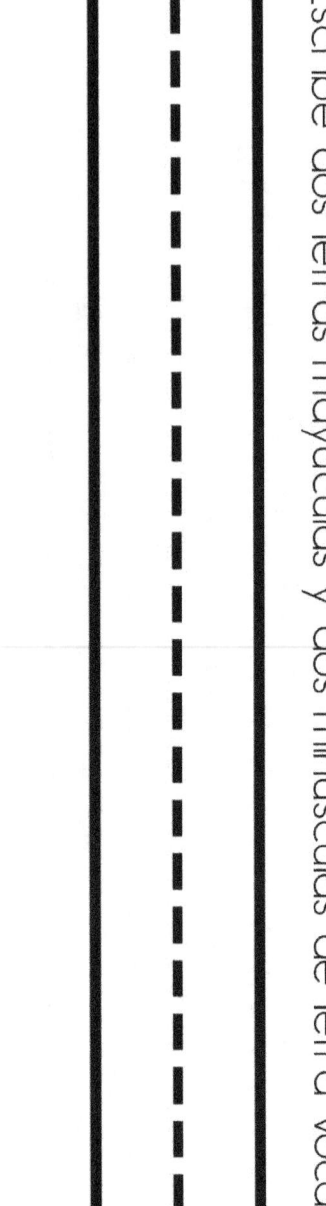

Escribe dos letras mayúsculas y dos minúsculas de letra vocal I-i.

Nombre:_____

Páginas de práctica

Vocales

Encuentra y pinta todas las letras: Oo

Escribe dos letras mayúsculas y dos minúsculas de letra vocal O-o.

Nombre:_____

Páginas de práctica

Vocales

Encuentra y pinta todas las letras:

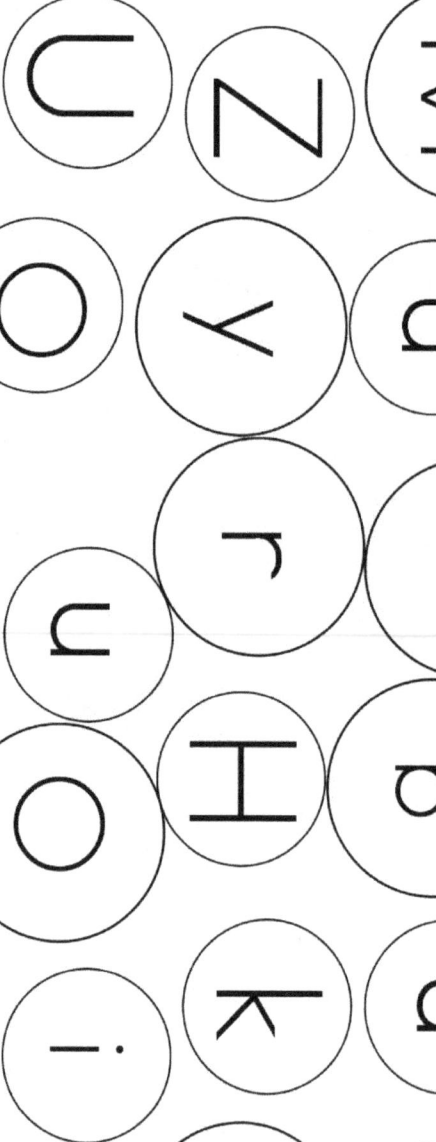

Escribe dos letras mayúculas y dos minúsculas de letra vocal U-u.

- 12 -

El pronombre personal "usted" vs "tú"

Nombre:_____

Páginas de práctica

El pronombre personal "usted" vs "tú"

1. Corta las imágenes y pégalas al lado del niño o niña que esté diciendo el pronombre personal correcto.

Nombre:_____

Páginas de práctica

El pronombre personal "usted" vs "tú"

1. Corta las imágenes y pégalas al lado del niño o niña que esté diciendo el pronombre personal correcto.

Actividades con el nombre del estudiante como el concepto de palabra

Nombre:_____

> Páginas de práctica

Actividades con el nombre del estudiante

1. Escribe tu nombre.

2. Ahora dibújate haciendo tu actividad favorita en tu casa.

Nombre:_____

Páginas de práctica

Actividades con el nombre del estudiante

1. Escribe tu nombre.

2. Ahora dibuja tu comida favorita.

Nombre:_____

Páginas de práctica

Actividades con el nombre del estudiante

Mi nombre :

Colorea de negro tus letras consonantes y de rojo las letras vocales:

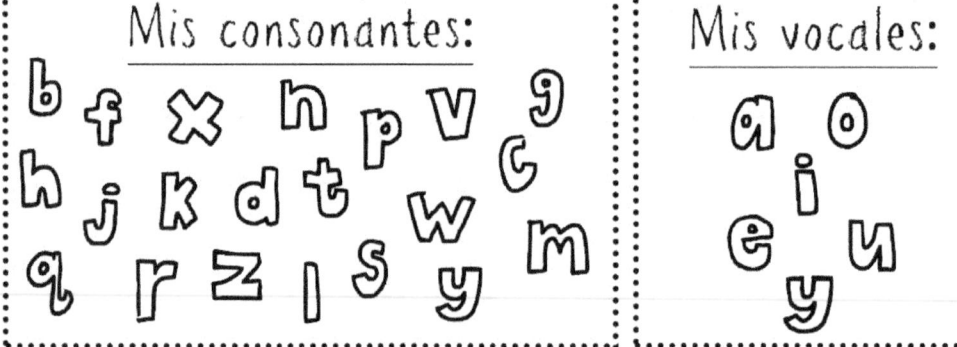

Escribe la primera letra de tu nombre.	¿Cuántas letras minúsculas tiene tu nombre?

¿Cuántas sílabas tiene tu nombre?
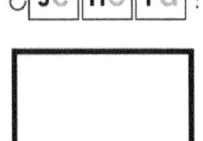

¿Cuántas letras tiene tu nombre?
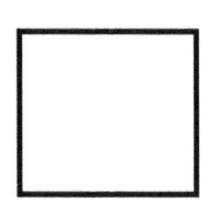

¿Cuántas palabras es tu nombre?
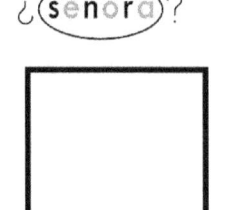

Nombre:_____

Páginas de práctica

Actividades con el nombre del estudiante

1. Escribe tu nombre.

2. Escribe en este cuadrado cuántas palabras es tu nombre.

3. Escribe en este cuadrado cuántas letras hay en tu nombre.

4. Colorea de rojo las letras vocales que hay en tu nombre.

5. Dibújate en el recuadro de abajo.

Nombre:_____

Páginas de práctica

Actividades con el nombre del estudiante

1. Escribe el nombre de tu mamá.

2. Escribe en este cuadrado cuántas palabras es su nombre.

3. Escribe en este cuadrado cuántas letras hay en su nombre.

4. Colorea de rojo las letras vocales que hay en su nombre.

5. Dibuja a tu mamá en el recuadro de abajo.

Nombre:_____

Páginas de práctica

Actividades con el nombre del estudiante

1. Escribe el nombre de tu papá.

2. Escribe en este cuadrado cuántas palabras es su nombre.

3. Escribe en este cuadrado cuántas letras hay en su nombre.

4. Colorea de rojo las letras vocales que hay en su nombre.

5. Dibuja a tu papá en el recuadro de abajo.

Número de sílabas en una palabra

Nombre:_____

Sílabas

1. Aplaude las sílabas de cada palabra. Escribe el número de sílabas de cada una en el cuadrado de la esquina superior derecha.

Nombre:____

Páginas de práctica

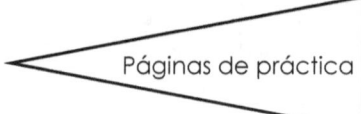

Sílabas

1. Aplaude las sílabas de cada palabra. Escribe el número de sílabas de cada una en el cuadrado. Luego, con una línea une los dibujos cuya palabra tenga el mismo número de sílabas.

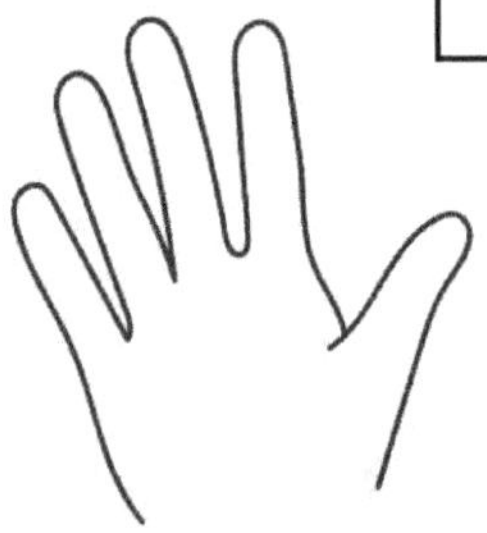
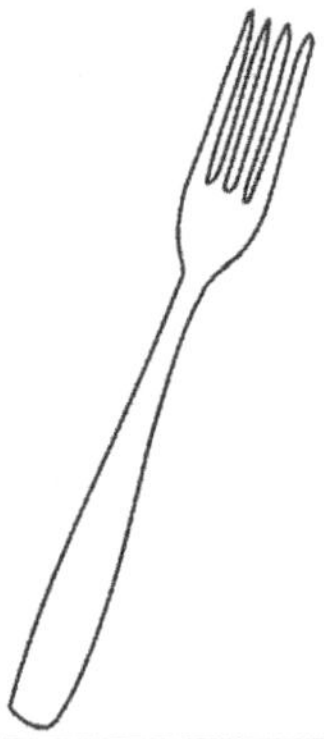
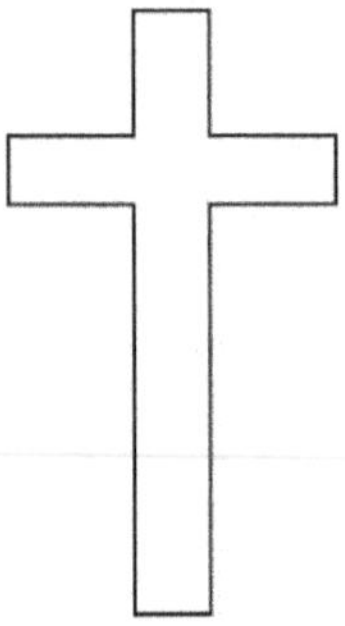
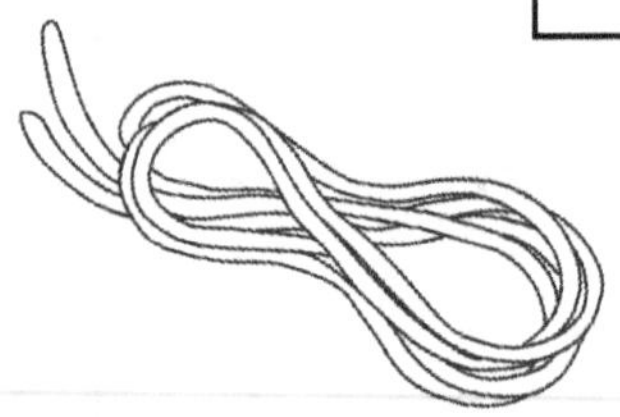
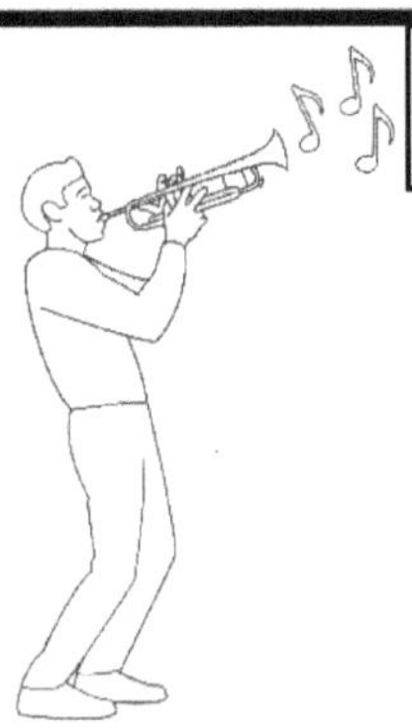
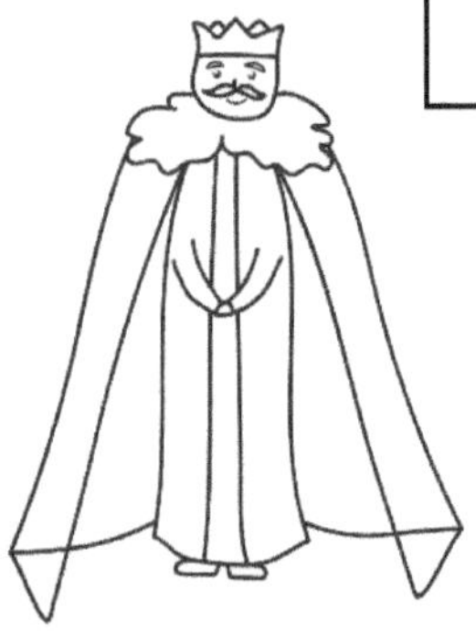
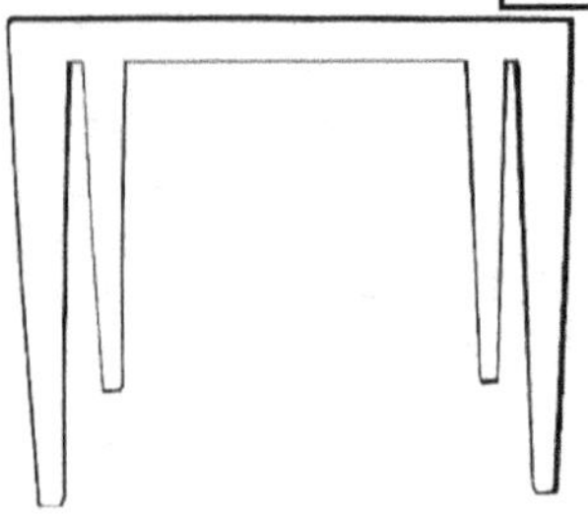
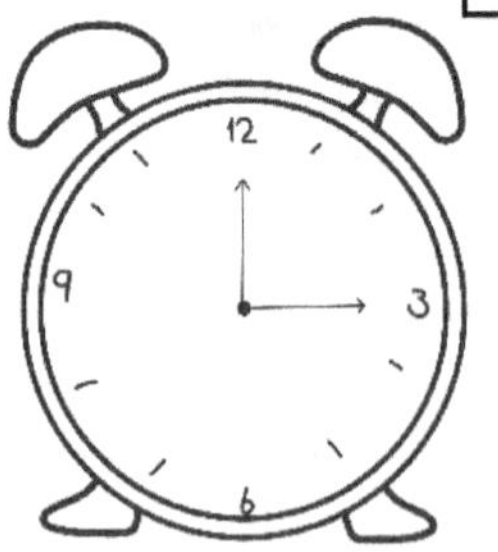

Nombre:_____

Páginas de práctica

Sílabas

1. Aplaude las sílabas de cada palabra. Escribe el número de sílabas de cada una en el cuadrado. Luego, con una línea une los dibujos con el número de sílabas que le corresponda.

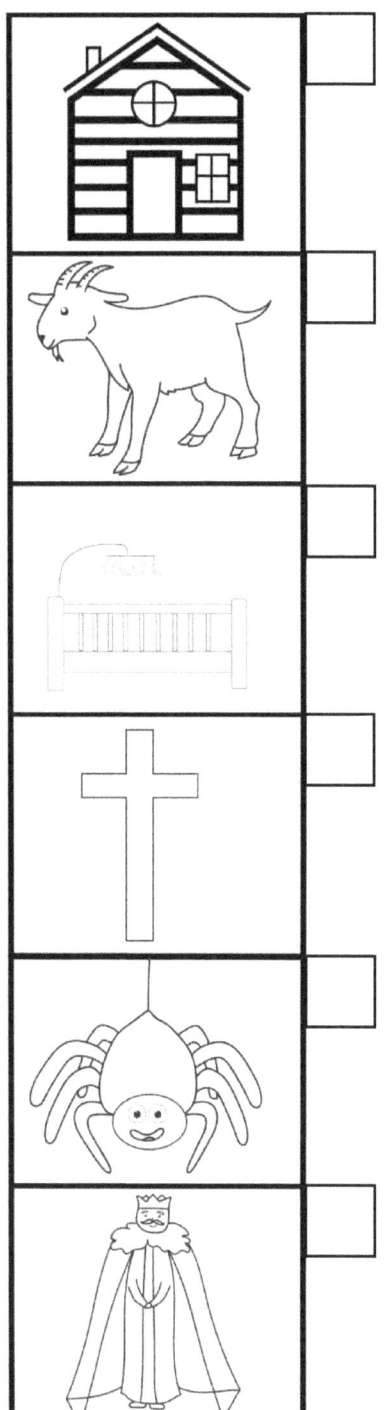
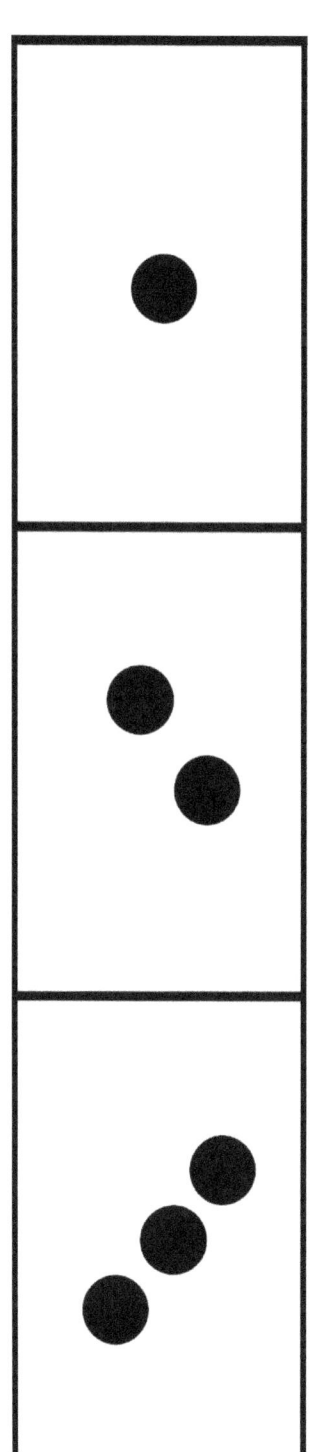

Nombre:_____

Páginas de práctica

Sílabas

1. Corta las imágenes y pégalas en el cuadro de acuerdo al número de sílabas que tengan.

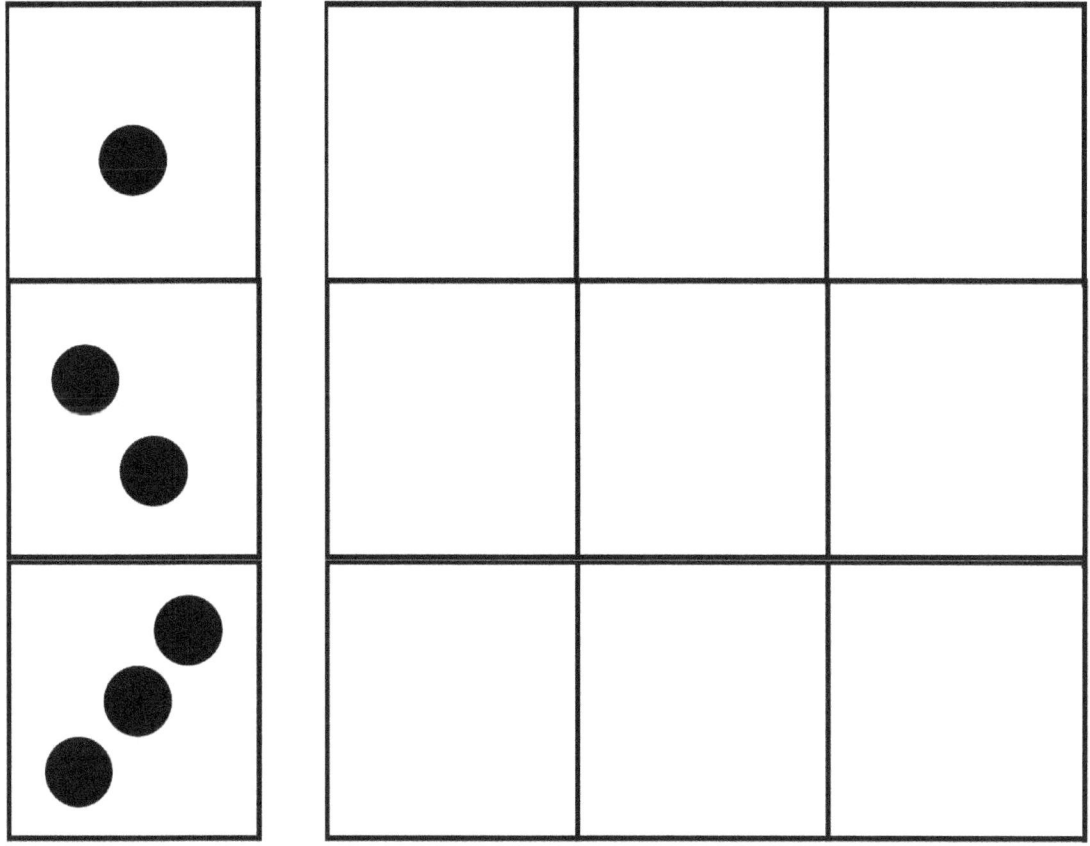

Los sustantivos

Indicaciones: Para escribir las palabras en las siguientes páginas use la **estrategia de sonar** la palabra oralmente mientras va escribiendo la letra correspondiente a ese sonido. Se sugiere no escribir la palabra completamente para que el niño simplemente la copie.
Cada letra consonante tiene una página de este tipo.

Nombre:_____

Páginas de práctica

Los sustantivos

1. Usando los sonidos de cada letra de la palabra, escríbela en el renglón. Escribe en el recuadro una P (persona), A (animal), L (lugar) y C (cosa). Colorea el dibujo con sus colores reales.

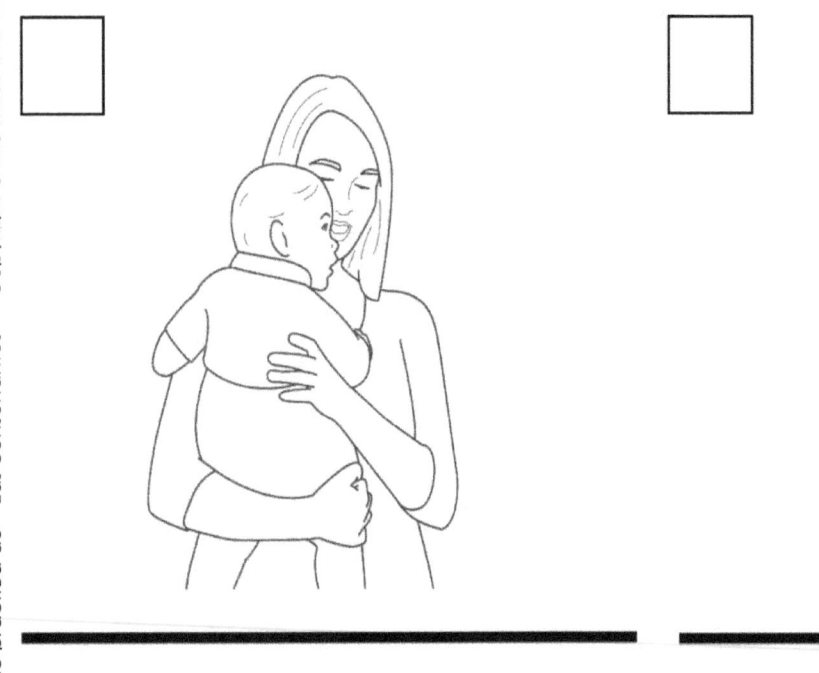

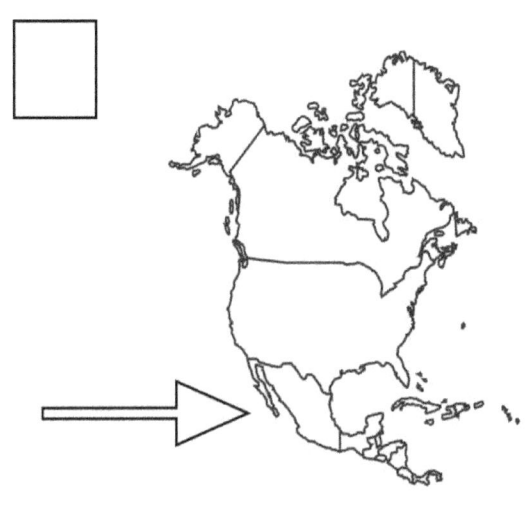

Nombre:_____

Páginas de práctica

1. Escribe el sustantivo que representa la imagen y hazle un círculo al tipo de sustantivo que pertenece. Cuenta el número de letras en cada palabra y pon el número en el cuadrado al lado, luego búscalas en la sopa de letras.

MAESTRO ☐

MESA ☐

MONO ☐

MANGO ☐

MONEDA ☐

Y	M	O	N	E	D	A	Z	S	G	R
K	J	V	M	X	W	S	C	X	E	W
B	E	O	M	B	K	M	E	S	A	R
H	A	X	Q	X	R	M	A	N	G	O
M	A	E	S	T	R	O	O	G	Q	Q
L	T	N	E	K	H	N	E	O	O	N
H	U	A	H	X	B	H	Q	T	D	W
K	O	U	K	E	M	N	U	Y	C	X
V	J	R	P	W	P	Z	H	R	D	U
M	O	N	O	S	K	R	F	R	S	U
E	P	K	P	N	K	F	T	I	C	W

2. Escribe una oración con el sustantivo que escribiste en el renglón de arriba:

- 35 -

Nombre:_____

Páginas de práctica

Hazle un óvalo alrededor de cada palabra
¿Cuántas palabras hay? ☐ Lee la oración y colorea.

Yo miro la mariposa y la muñeca.

¿Cuántos sustantivos de persona hay? ☐

¿Cuántos sustantivos de animal hay? ☐

¿Cuántos sustantivos de cosa hay? ☐

Escribe el sustantivo de lugar:

Nombre:_____

Páginas de práctica

Diferencia entre letra, palabra, sílaba y oración

<u>1er recuadro:</u> Diga el nombre de cada sustantivo. Pida a los estudiantes que identifiquen cuál de estos dibujos empieza con el sonido /m/ y que le hagan un círculo alrededor. Luego pídales a los estudiantes que escriban la letra minúscula que hace ese sonido.

<u>2do recuadro:</u> Cuenten las sílabas de la palabra que empieza con m y pida que escriban la primera sílaba de esa palabra.

<u>3er recuadro:</u> Pida a los estudiantes que escriban toda la palabra y que tracen un óvalo.

Cuando toda la página esté completa, léala con sus estudiantes: El primer recuadro la leerá realizando el sonido /m/, dirá la sílaba "mu", la palabra "música", por último lea la oración. Haga referencia a la diferencia entre letra, sílaba, palabra y oración.

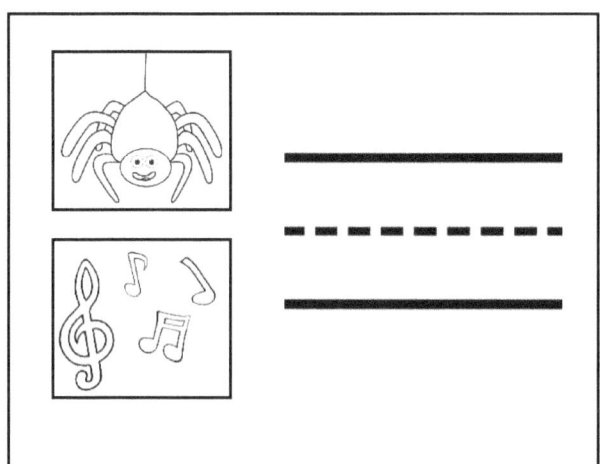

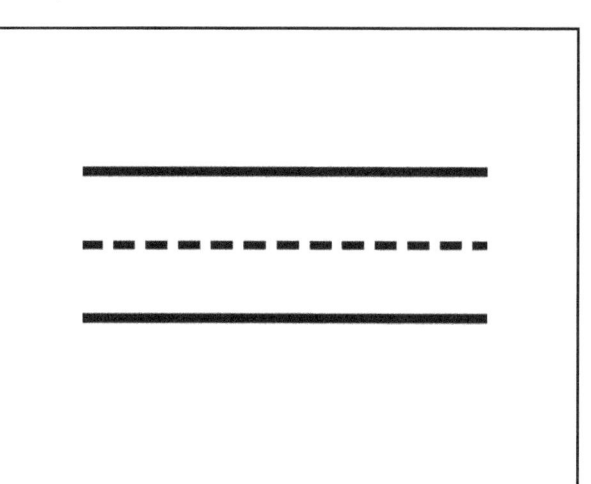

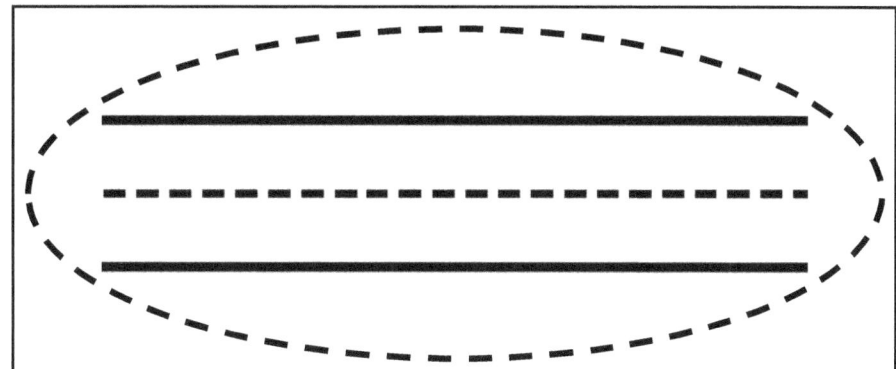

4. Escribe una oración usando el sustantivo:

Nombre:_____

Páginas de práctica

Los sustantivos

1. Usando los sonidos de cada letra de la palabra, escríbela en el renglón. Escribe en el recuadro una P (persona), A (animal), L (lugar) y C (cosa). Colorea el dibujo con sus colores reales.

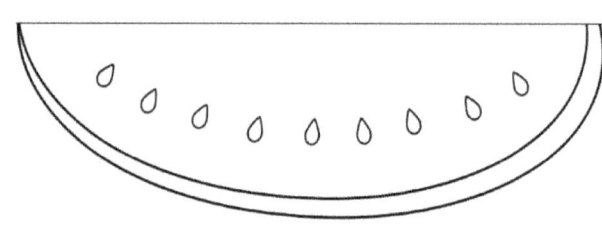

- 38 -

Nombre:_____

Páginas de práctica

1. Escribe el sustantivo que representa la imagen y hazle un círculo al tipo de sustantivo que pertenece. Cuenta el número de letras en cada palabra y pon el número en el cuadrado al lado, luego búscalas en la sopa de letras.

SAPO ☐

SIGNO ☐

SOGA ☐

SANDÍA ☐

SOPA ☐

T	V	Y	L	M	N	C	Y	G	R	A
Q	Y	S	R	A	O	Q	F	X	A	Z
S	A	N	D	Í	A	D	Y	Z	X	Y
P	Q	H	C	D	I	U	R	P	Y	P
S	O	G	A	A	R	C	G	Z	B	Q
E	L	C	T	V	A	K	F	T	Z	W
H	L	S	U	G	Q	B	T	O	V	O
A	A	X	G	Z	S	I	G	N	O	Q
U	S	S	F	R	X	E	W	Z	S	U
Z	J	F	K	Z	K	I	S	A	P	O
Z	O	X	E	S	O	P	A	U	J	O

2. Escribe una oración con el sustantivo que escribiste en el renglón de arriba:

- 39 -

Nombre:_____

Páginas de práctica

Hazle un óvalo alrededor de cada palabra
¿Cuántas palabras hay? ☐   Lee la oración y colorea.

La señora sale de la sala con su bebé.

¿Cuántos sustantivos de persona hay? ☐

¿Cuántos sustantivos de animal hay? ☐

¿Cuántos sustantivos de cosa hay? ☐

Escribe el sustantivo de lugar:

_____

- -

_____

Nombre:_____

Páginas de práctica

Diferencia entre letra, palabra, sílaba y oración

<u>1er recuadro:</u> Diga el nombre de cada sustantivo. Pida a los estudiantes que identifiquen cuál de estos dibujos empieza con el sonido /s/ y que le hagan un círculo alrededor. Luego pídales a los estudiantes que escriban la letra minúscula que hace ese sonido.

<u>2do recuadro:</u> Cuenten las sílabas de la palabra que empieza con s y pida que escriban la primera sílaba de esa palabra.

<u>3er recuadro:</u> Pida a los estudiantes que escriban toda la palabra y que tracen un óvalo.

Cuando toda la página esté completa, léala con sus estudiantes: El primer recuadro la leerá realizando el sonido /s/, dirá la sílaba "se", la palabra "señor", por último lea la oración. Haga referencia a la diferencia entre letra, sílaba, palabra y oración.

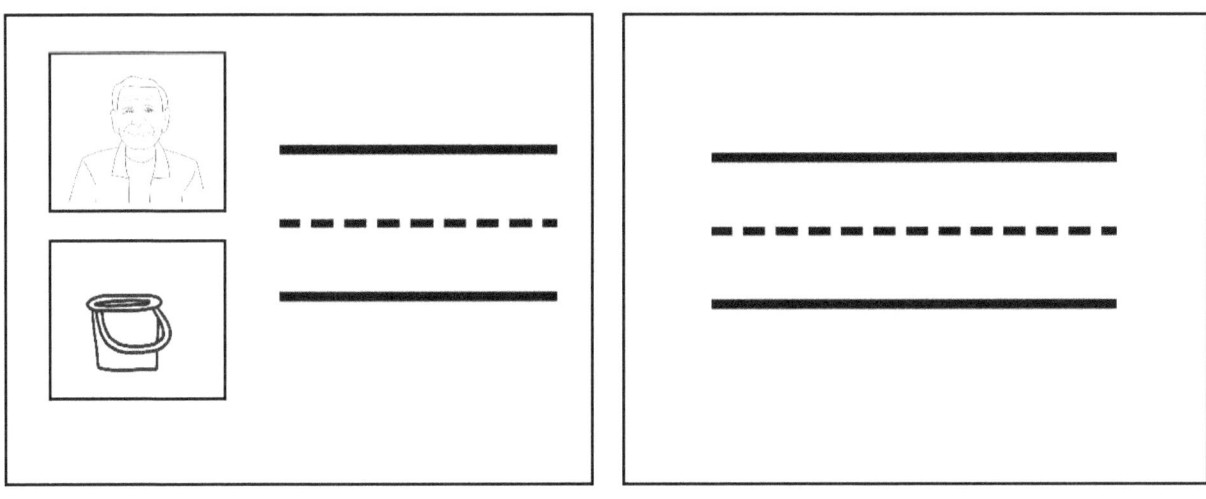

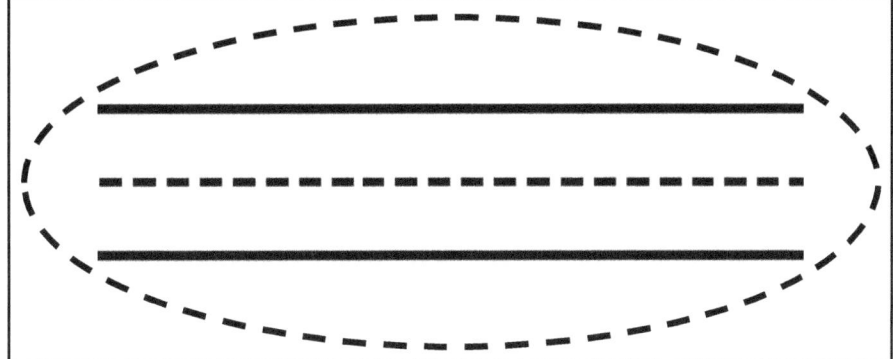

4. Escribe una oración usando el sustantivo:

- 41 -

Nombre:_____

Páginas de práctica

Los sustantivos

1. Usando los sonidos de cada letra de la palabra, escríbela en el renglón. Escribe en el recuadro una P (persona), A (animal), L (lugar) y C (cosa). Colorea el dibujo con sus colores reales.

Nombre:_____

Páginas de práctica

1. Escribe el sustantivo que representa la imagen y hazle un círculo al tipo de sustantivo que pertenece. Cuenta el número de letras en cada palabra y pon el número en el cuadrado al lado, luego búscalas en la sopa de letras.

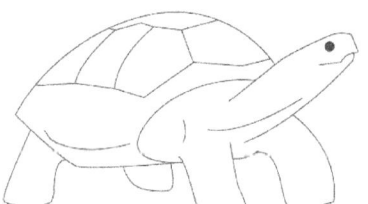    

TAZA ☐

TENEDOR ☐

TOMATE ☐

TUCÁN ☐

TORTUGA ☐

L	X	H	Y	E	R	P	K	S	H	F
J	D	D	A	Y	N	X	Y	I	O	X
B	N	T	O	M	A	T	E	V	I	R
D	Y	E	Z	B	W	G	N	G	N	O
P	I	L	V	C	S	H	D	P	C	H
B	E	A	L	O	E	W	L	B	T	G
D	W	U	Z	L	I	X	O	B	D	N
E	N	J	G	F	F	T	A	Z	A	A
O	F	T	E	N	E	D	O	R	L	C
L	M	R	R	E	Y	T	U	C	Á	N
K	A	E	T	O	R	T	U	G	A	A

2. Escribe una oración con el sustantivo que escribiste en el renglón de arriba:

_____

Nombre:_____

Páginas de práctica

Hazle un óvalo alrededor de cada palabra
¿Cuántas palabras hay? ☐ Lee la oración y colorea.

El tucán come el tomate.

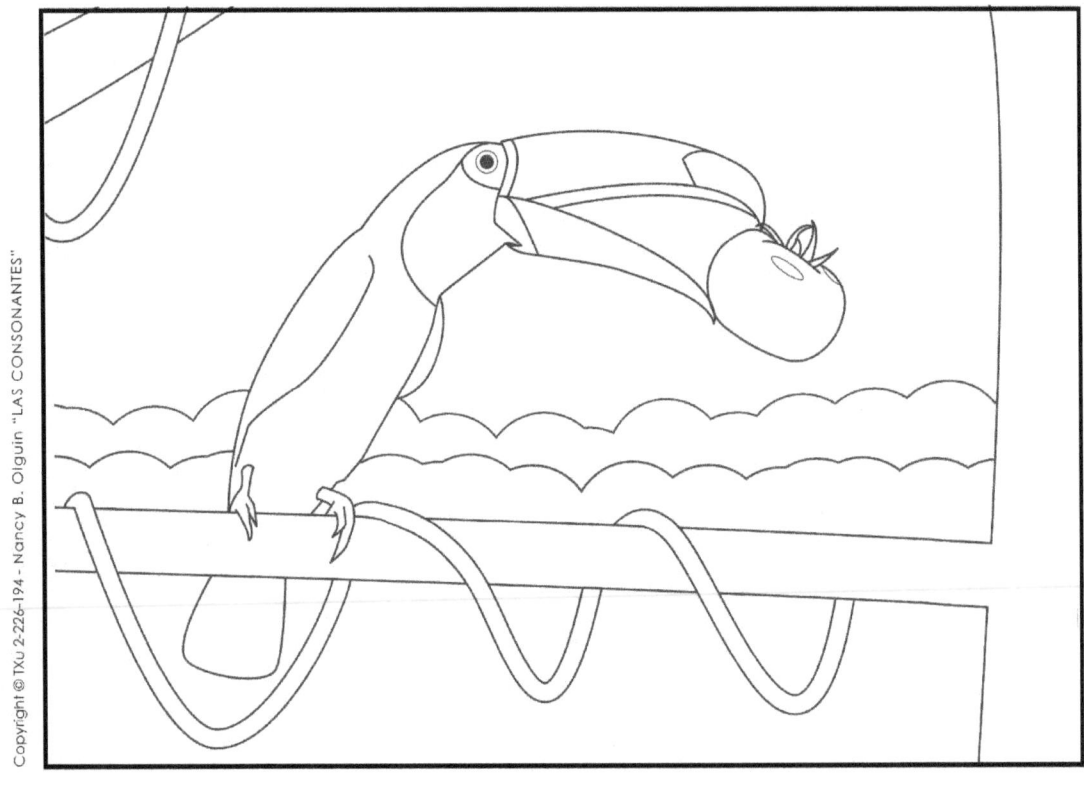

¿Cuántos sustantivos de persona hay? ☐

¿Cuántos sustantivos de cosa hay? ☐

Escribe el sustantivo de animal:

_____

Encierra con un óvalo el correcto sustantivo de lugar:

Selva   Desierto   Ciudad

Nombre:_____

Diferencia entre letra, palabra, sílaba y oración

<u>1er recuadro:</u> Diga el nombre de cada sustantivo. Pida a los estudiantes que identifiquen cuál de estos dibujos empieza con el sonido /t/ y que le hagan un círculo alrededor. Luego pídales a los estudiantes que escriban la letra minúscula que hace ese sonido.

<u>2do recuadro:</u> Cuenten las sílabas de la palabra que empieza con t y pida que escriban la primera sílaba de esa palabra.

<u>3er recuadro:</u> Pida a los estudiantes que escriban toda la palabra y que tracen un óvalo.

Cuando toda la página esté completa, léala con sus estudiantes: El primer recuadro la leerá realizando el sonido /t/, dirá la sílaba "ti", la palabra "tijeras", por último lea la oración. Haga referencia a la diferencia entre letra, sílaba, palabra y oración.

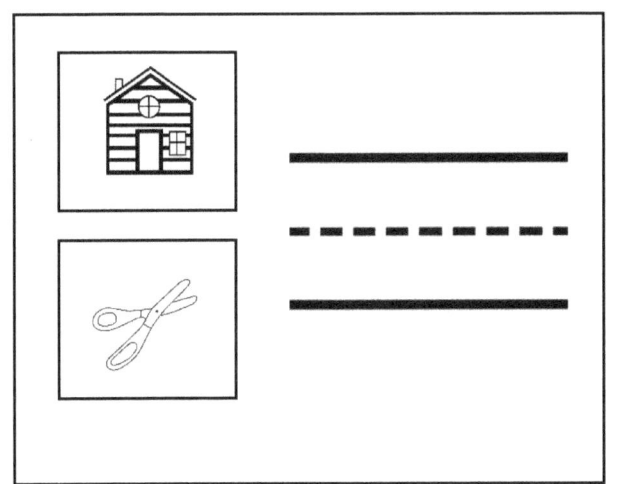

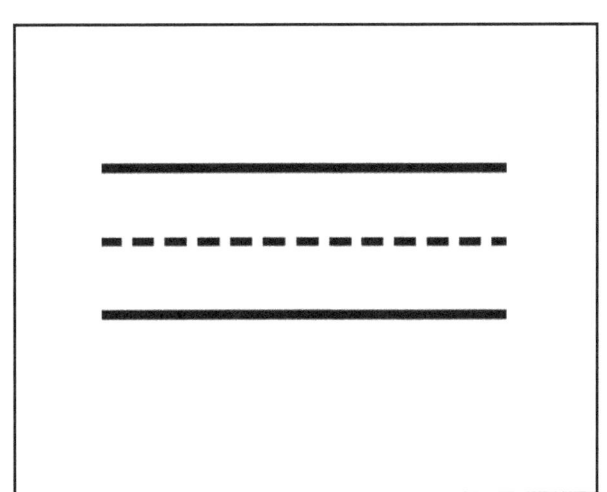

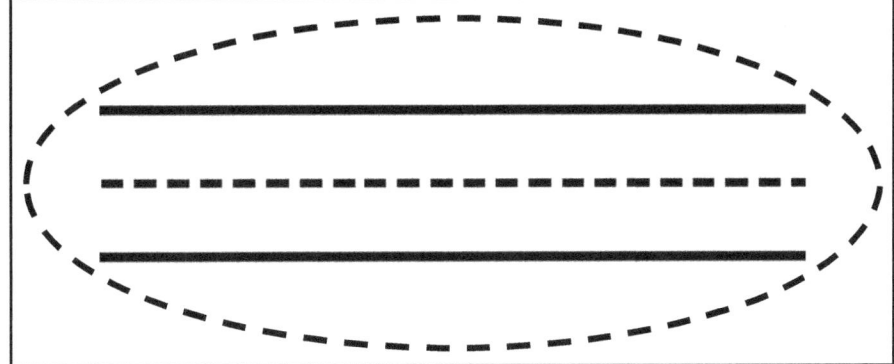

4. Escribe una oración usando el sustantivo:

Los sustantivos

1. Usando los sonidos de cada letra de la palabra, escríbela en el renglón. Escribe en el recuadro una P (persona), A (animal), L (lugar) y C (cosa). Colorea el dibujo con sus colores reales.

Nombre:_____

Páginas de práctica

1. Escribe el sustantivo que representa la imagen y hazle un círculo al tipo de sustantivo que pertenece. Cuenta el número de letras en cada palabra y pon el número en el cuadrado al lado, luego búscalas en la sopa de letras.

NIEVE ☐
NUBE ☐
NAVIDAD ☐
NENE ☐
NUTRIA ☐

```
Z Q J Q W N E A J J
N I E V E N U B E X C
Y F W L T C I T M H K
O T C W J Z A U B P M
I M M U L K I V X T E
I K N A V I D A D O Z
V A D Y S I B L N V F
E D X C C V A K R B N
N E N E L Y P D E B H
J S Y I O I U F K Z I
M S N U T R I A C H H
```

2. Escribe una oración con el sustantivo que escribiste en el renglón de arriba:

_____
- -
_____

Nombre:_____

Páginas de práctica

Hazle un óvalo alrededor de cada palabra
¿Cuántas palabras hay? ☐   Lee la oración y colorea.

Él ve nubes en la noche.

¿Cuántos sustantivos de persona hay? ☐

¿Cuántos sustantivos de animal hay? ☐

¿Cuántos sustantivos de cosa hay? ☐

Escribe el sustantivo de lugar:

Nombre:_____

Páginas de práctica

Diferencia entre letra, palabra, sílaba y oración

<u>1er recuadro:</u> Diga el nombre de cada sustantivo. Pida a los estudiantes que identifiquen cuál de estos dibujos empieza con el sonido /n/ y que le hagan un círculo alrededor. Luego pídales a los estudiantes que escriban la letra minúscula que hace ese sonido.

<u>2do recuadro:</u> Cuenten las sílabas de la palabra que empieza con n y pida que escriban la primera sílaba de esa palabra.

<u>3er recuadro:</u> Pida a los estudiantes que escriban toda la palabra y que tracen un óvalo.

Cuando toda la página esté completa, léala con sus estudiantes: El primer recuadro la leerá realizando el sonido /n/, dirá la sílaba "no", la palabra "noche", por último lea la oración. Haga referencia a la diferencia entre letra, sílaba, palabra y oración.

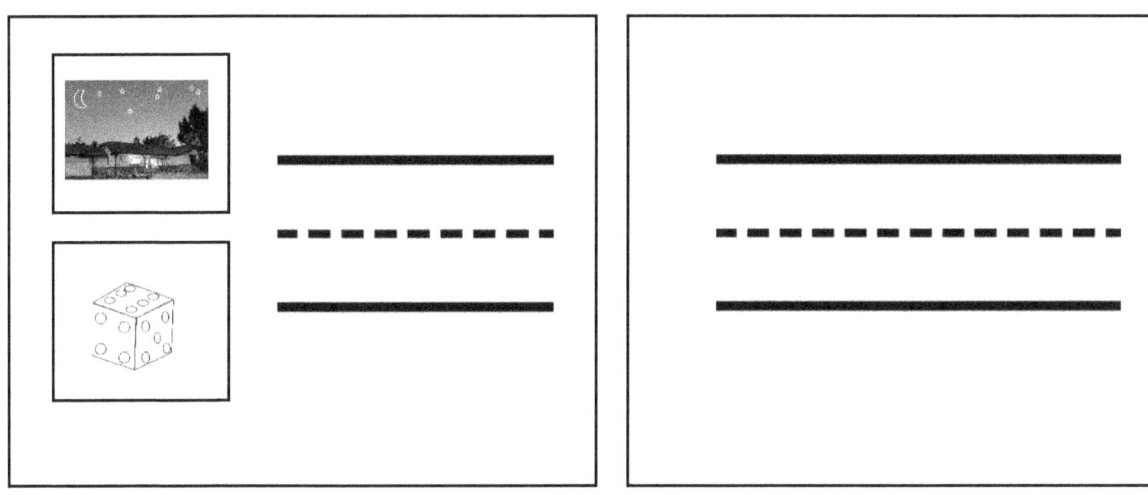

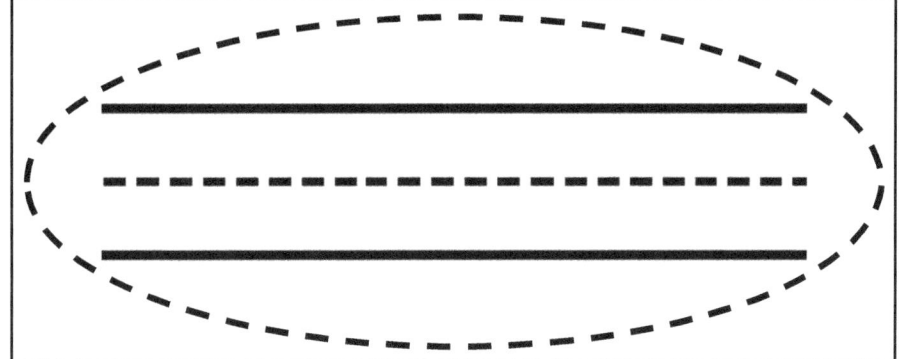

4. Escribe una oración usando el sustantivo:

- 49 -

Nombre:_____

Páginas de práctica

Los sustantivos

1. Usando los sonidos de cada letra de la palabra, escríbela en el renglón. Escribe en el recuadro una P (persona), A (animal), L (lugar) y C (cosa). Colorea el dibujo con sus colores reales.

- 50 -

Nombre:_____

Páginas de práctica

1. Escribe el sustantivo que representa la imagen y hazle un círculo al tipo de sustantivo que pertenece. Cuenta el número de letras en cada palabra y pon el número en el cuadrado al lado, luego búscalas en la sopa de letras.

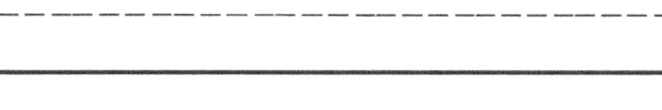
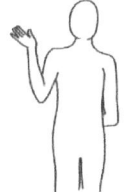

FÚTBOL ☐
FELIZ ☐
FOCA ☐
FUEGO ☐
FRESA ☐

2. Escribe una oración con el sustantivo que escribiste en el renglón de arriba:

Nombre:_____

Páginas de práctica

Hazle un óvalo alrededor de cada palabra
¿Cuántas palabras hay? ☐ Lee la oración y colorea.

Hay una familia feliz en la fotografía.

¿Cuántos sustantivos de persona hay? ☐

¿Cuántos sustantivos de animal hay? ☐

¿Cuántos sustantivos de cosa hay? ☐

Imagina un sustantivo de lugar para la familia:

Nombre:_____

Páginas de práctica

Diferencia entre letra, palabra, sílaba y oración

<u>1er recuadro:</u> Diga el nombre de cada sustantivo. Pida a los estudiantes que identifiquen cuál de estos dibujos empieza con el sonido /f/ y que le hagan un círculo alrededor. Luego pídales a los estudiantes que escriban la letra minúscula que hace ese sonido.

<u>2do recuadro:</u> Cuenten las sílabas de la palabra que empieza con f y pida que escriban la primera sílaba de esa palabra.

<u>3er recuadro:</u> Pida a los estudiantes que escriban toda la palabra y que tracen un óvalo.

Cuando toda la página esté completa, léala con sus estudiantes: El primer recuadro la leerá realizando el sonido /f/, dirá la sílaba "fo", la palabra "foca", por último lea la oración. Haga referencia a la diferencia entre letra, sílaba, palabra y oración.

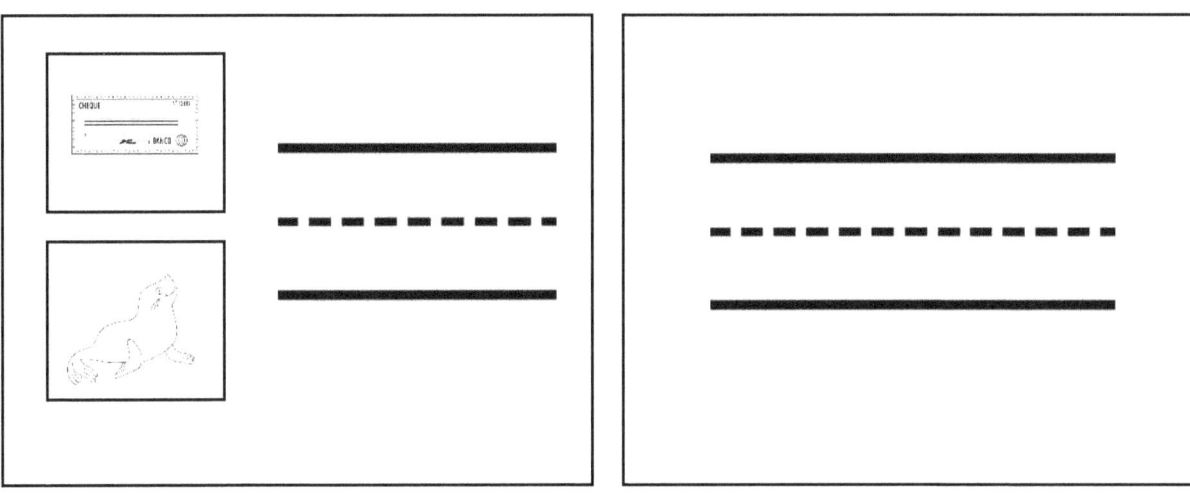

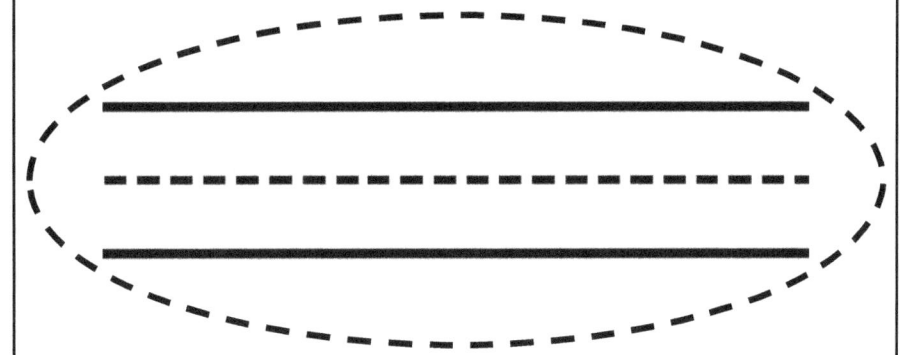

4. Escribe una oración usando el sustantivo:

Nombre:_____

Páginas de práctica

Los sustantivos

1. Usando los sonidos de cada letra de la palabra, escríbela en el renglón. Escribe en el recuadro una P (persona), A (animal), L (lugar) y C (cosa). Colorea el dibujo con sus colores reales.

- 54 -

Nombre:_____

Páginas de práctica

1. Escribe el sustantivo que representa la imagen y hazle un círculo al tipo de sustantivo que pertenece. Cuenta el número de letras en cada palabra y pon el número en el cuadrado al lado, luego búscalas en la sopa de letras.

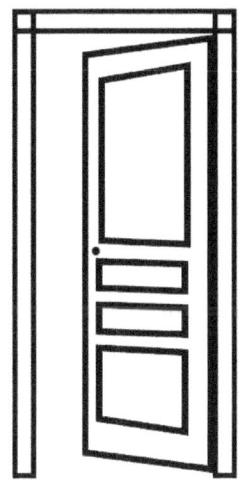

PALOMA ☐

PIANO ☐

PASTEL ☐

PLANTA ☐

PIÑA ☐

S	D	Z	A	B	S	N	E	Z	G	V
W	S	J	P	E	W	X	T	S	C	E
P	I	Ñ	A	P	A	S	T	E	L	G
J	R	I	H	S	U	B	F	Q	D	Z
X	E	M	J	I	T	N	C	M	D	Z
K	Y	P	F	D	P	H	P	N	P	J
B	P	L	A	N	T	A	H	H	H	F
A	P	I	A	N	O	V	I	A	P	D
T	I	P	Y	M	X	W	J	Y	W	J
Z	Z	T	O	Y	A	O	L	Q	O	R
Z	O	P	A	L	O	M	A	J	W	L

2. Escribe una oración con el sustantivo que escribiste en el renglón de arriba:

_____

- 55 -

Nombre:_____

Páginas de práctica

Hazle un óvalo alrededor de cada palabra
¿Cuántas palabras hay? ☐ Lee la oración y colorea.

Ellos patean la pelota con sus amigos en el parque.

¿Cuántos sustantivos de persona hay? ☐

¿Cuántos sustantivos de animal hay? ☐

Escribe el sustantivo de cosa:

Escribe el sustantivo de lugar:

Nombre:_____

Páginas de práctica

Diferencia entre letra, palabra, sílaba y oración

<u>1er recuadro</u>: Diga el nombre de cada sustantivo. Pida a los estudiantes que identifiquen cuál de estos dibujos empieza con el sonido /p/ y que le hagan un círculo alrededor. Luego pídales a los estudiantes que escriban la letra minúscula que hace ese sonido.

<u>2do recuadro</u>: Cuenten las sílabas de la palabra que empieza con p y pida que escriban la primera sílaba de esa palabra.

<u>3er recuadro</u>: Pida a los estudiantes que escriban toda la palabra y que tracen un óvalo.

Cuando toda la página esté completa, léala con sus estudiantes: El primer recuadro la leerá realizando el sonido /p/, dirá la sílaba "pul", la palabra "pulpo", por último lea la oración. Haga referencia a la diferencia entre letra, sílaba, palabra y oración.

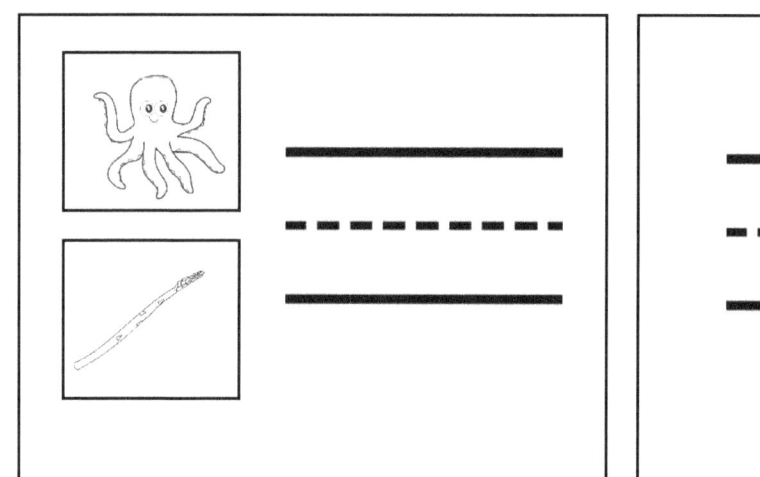
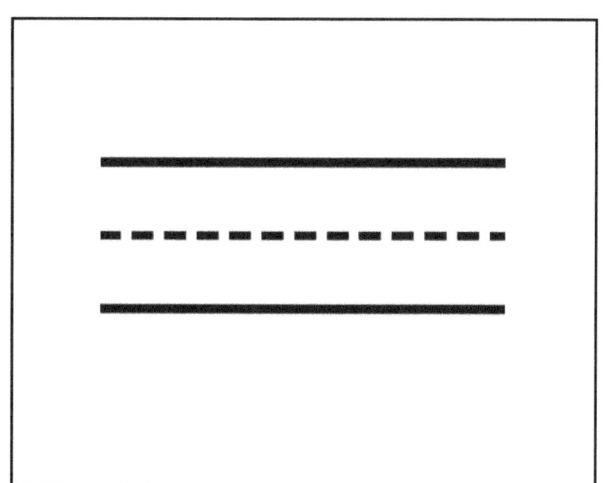
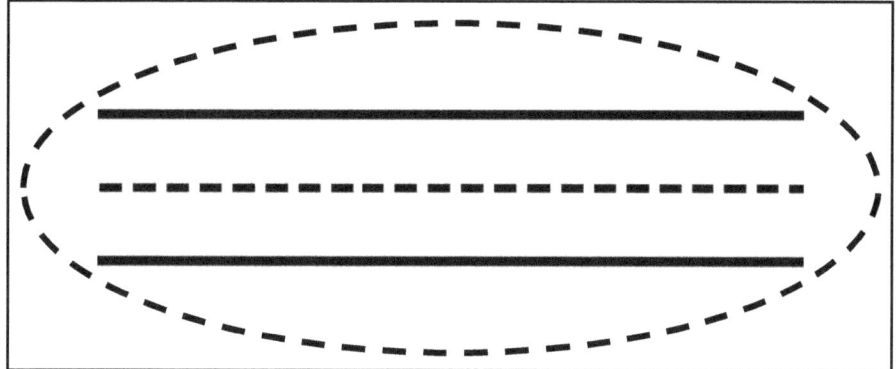

4. Escribe una oración usando el sustantivo:

Nombre:_____

Páginas de práctica

Los sustantivos

1. Usando los sonidos de cada letra de la palabra, escríbela en el renglón. Escribe en el recuadro una P (persona), A (animal), L (lugar) y C (cosa). Colorea el dibujo con sus colores reales.

Nombre:_____

Páginas de práctica

1. Escribe el sustantivo que representa la imagen y hazle un círculo al tipo de sustantivo que pertenece. Cuenta el número de letras en cada palabra y pon el número en el cuadrado al lado, luego búscalas en la sopa de letras.

2. Escribe una oración con el sustantivo que escribiste en el renglón de arriba:

Nombre:_____

Páginas de práctica

Hazle un óvalo alrededor de cada palabra
¿Cuántas palabras hay? ☐ Lee la oración y colorea.

El loro vuela sobre el lago.

¿Cuántos sustantivos de persona hay? ☐

¿Cuántos sustantivos de cosa hay? ☐

Escribe el sustantivo de animal:

Escribe el sustantivo de lugar:

Nombre:_____

Diferencia entre letra, palabra, sílaba y oración

<u>1er recuadro:</u> Diga el nombre de cada sustantivo. Pida a los estudiantes que identifiquen cuál de estos dibujos empieza con el sonido /l/ y que le hagan un círculo alrededor. Luego pídales a los estudiantes que escriban la letra minúscula que hace ese sonido.

<u>2do recuadro:</u> Cuenten las sílabas de la palabra que empieza con l y pida que escriban la primera sílaba de esa palabra.

<u>3er recuadro:</u> Pida a los estudiantes que escriban toda la palabra y que tracen un óvalo.

Cuando toda la página esté completa, léala con sus estudiantes: El primer recuadro la leerá realizando el sonido /l/, dirá la sílaba "lu", la palabra "luna", por último lea la oración. Haga referencia a la diferencia entre letra, sílaba, palabra y oración.

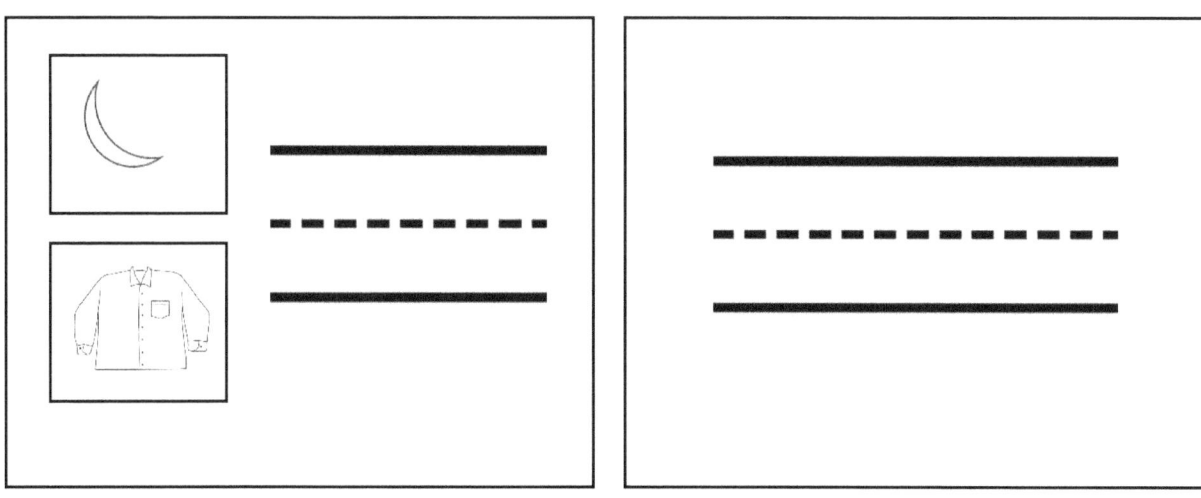

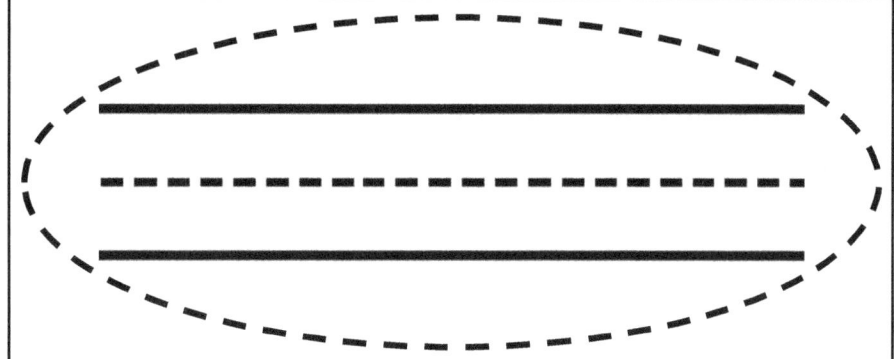

4. Escribe una oración usando el sustantivo:

Los sustantivos

1. Usando los sonidos de cada letra de la palabra, escríbela en el renglón. Escribe en el recuadro una P (persona), A (animal), L (lugar) y C (cosa). Colorea el dibujo con sus colores reales.

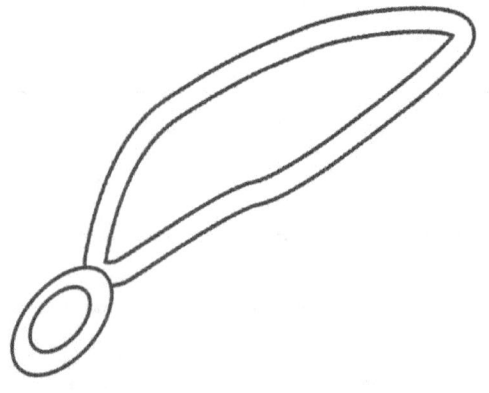

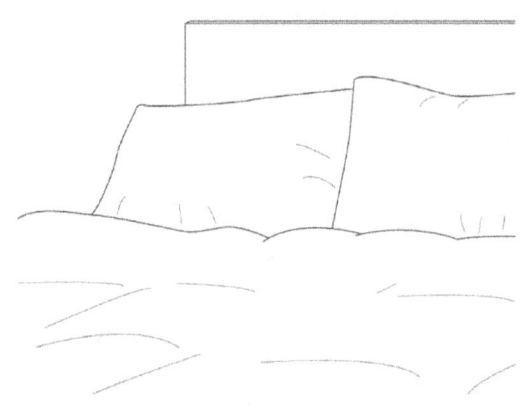

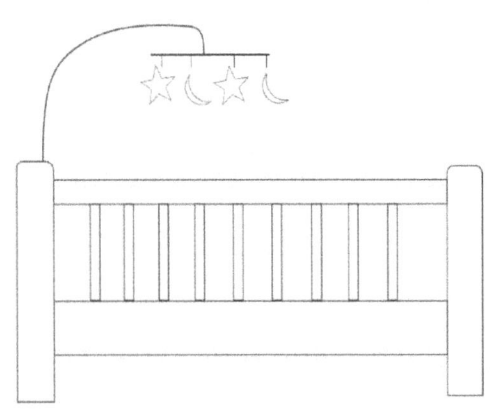

Nombre:_____

Páginas de práctica

1. Escribe el sustantivo que representa la imagen y hazle un círculo al tipo de sustantivo que pertenece. Cuenta el número de letras en cada palabra y pon el número en el cuadrado al lado, luego búscalas en la sopa de letras.

CUNA

CONEJO

CARACOL

CUERDA

CAMA

```
Q T E R X T A K W O Y
C A R A C O L L V H B
Z S P Q Z C O N E J O
J G I Q W W C U N A E
Q J H H X Z R Z R F K
P B T T I Z D F G Q I
D T N R R L S J X Q
W F C U E R D A S N G
R C J H O Y O F S V Q
L K P B O V C D T P M
G Y X V I D C A M A E
```

2. Escribe una oración con el sustantivo que escribiste en el renglón de arriba:

_____
- -
_____

Nombre:_____

Páginas de práctica

Hazle un óvalo alrededor de cada palabra
¿Cuántas palabras hay? ☐   Lee la oración y colorea.

¡Muchas gracias por el collar!, lo encontré sobre el cubrecama.

¿Cuántos sustantivos de persona hay? ☐

¿Cuántos sustantivos de animal hay? ☐

¿Cuántos sustantivos de cosa hay? ☐

Escribe el sustantivo de lugar:

Nombre:_____

Páginas de práctica

Diferencia entre letra, palabra, sílaba y oración

<u>1er recuadro</u>: Diga el nombre de cada sustantivo. Pida a los estudiantes que identifiquen cuál de estos dibujos empieza con el sonido /c/ y que le hagan un círculo alrededor. Luego pídales a los estudiantes que escriban la letra minúscula que hace ese sonido.

<u>2do recuadro</u>: Cuenten las sílabas de la palabra que empieza con c y pida que escriban la primera sílaba de esa palabra.

<u>3er recuadro</u>: Pida a los estudiantes que escriban toda la palabra y que tracen un óvalo.

Cuando toda la página esté completa, léala con sus estudiantes: El primer recuadro la leerá realizando el sonido /c/, dirá la sílaba "ca", la palabra "cama", por último lea la oración. Haga referencia a la diferencia entre letra, sílaba, palabra y oración.

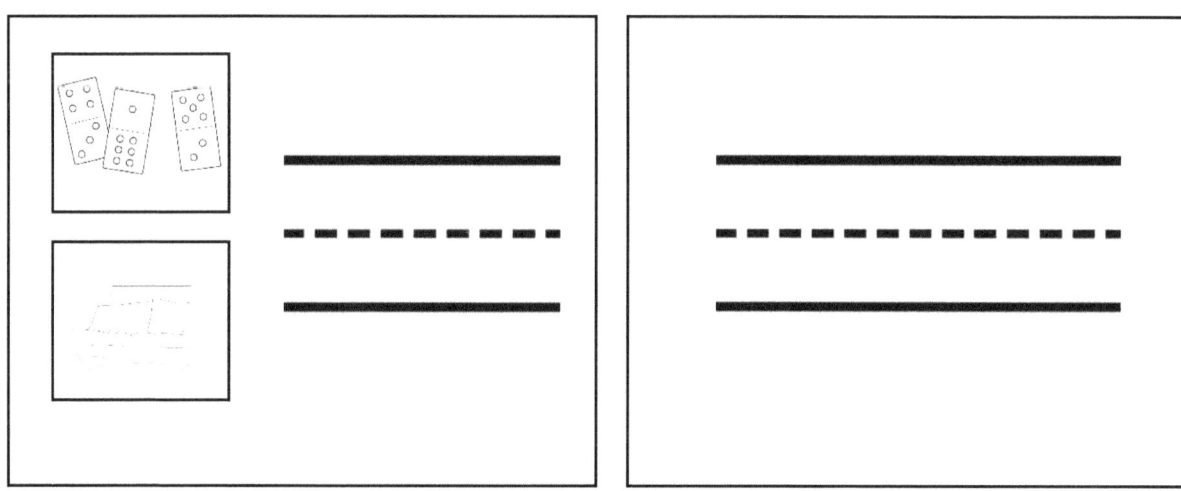

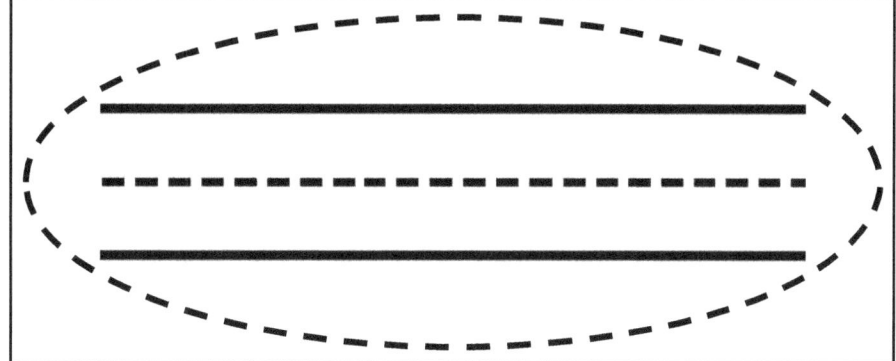

4. Escribe una oración usando el sustantivo:

Nombre:_____

Páginas de práctica

Los sustantivos

1. Usando los sonidos de cada letra de la palabra, escríbela en el renglón. Escribe en el recuadro una P (persona), A (animal), L (lugar) y C (cosa). Colorea el dibujo con sus colores reales.

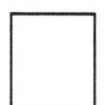

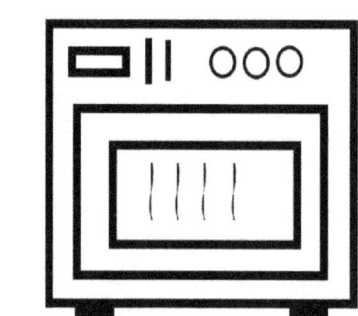

Nombre:_____

Páginas de práctica

1. Escribe el sustantivo que representa la imagen y hazle un círculo al tipo de sustantivo que pertenece. Cuenta el número de letras en cada palabra y pon el número en el cuadrado al lado, luego búscalas en la sopa de letras.

HUEVO ☐

HORNO ☐

HELADO ☐

HILO ☐

HUMO ☐

2. Escribe una oración con el sustantivo que escribiste en el renglón de arriba:

Nombre:_____

Páginas de práctica

Hazle un óvalo alrededor de cada palabra
¿Cuántas palabras hay? ☐ Lee la oración y colorea.

Una hoja del árbol cayó en el helado.

¿Cuántos sustantivos de persona hay? ☐

¿Cuántos sustantivos de animal hay? ☐

Escribe dos sustantivos de cosa que ves:

Escribe el sustantivo de lugar:

Nombre:_____

Páginas de práctica

Diferencia entre letra, palabra, sílaba y oración

<u>1er recuadro</u>: Diga el nombre de cada sustantivo. Pida a los estudiantes que identifiquen cuál de estos dibujos empieza con el sonido /h/ y que le hagan un círculo alrededor. Luego pídales a los estudiantes que escriban la letra minúscula que hace ese sonido.

<u>2do recuadro</u>: Cuenten las sílabas de la palabra que empieza con h y pida que escriban la primera sílaba de esa palabra.

<u>3er recuadro</u>: Pida a los estudiantes que escriban toda la palabra y que tracen un óvalo.

Cuando toda la página esté completa, léala con sus estudiantes: El primer recuadro la leerá realizando el sonido /h/, dirá la sílaba "hi", la palabra "hipopótamo", por último lea la oración. Haga referencia a la diferencia entre letra, sílaba, palabra y oración.

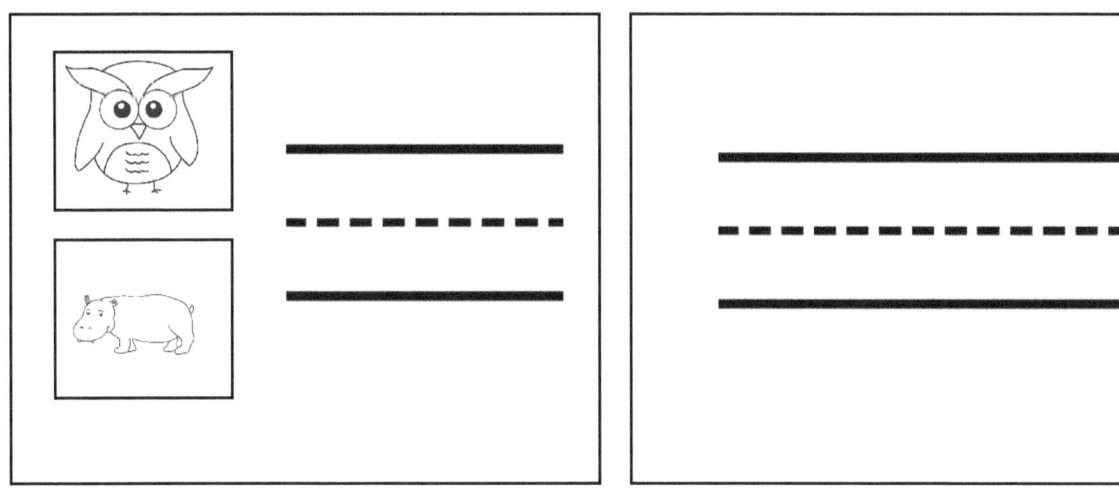

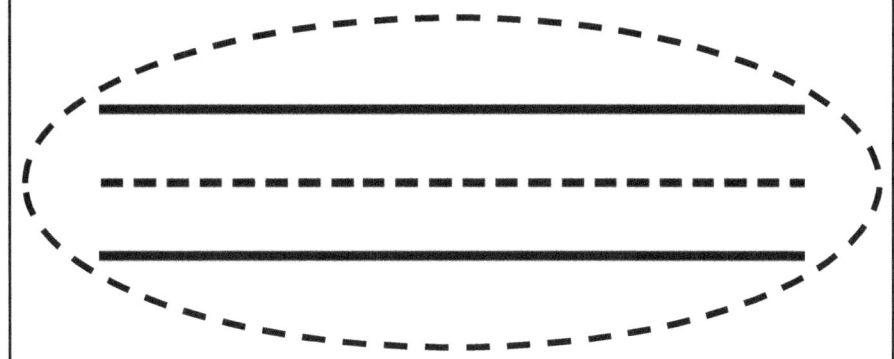

4. Escribe una oración usando el sustantivo:

Nombre:_____

Páginas de práctica

Los sustantivos

1. Usando los sonidos de cada letra de la palabra, escríbela en el renglón. Escribe en el recuadro una P (persona), A (animal), L (lugar) y C (cosa). Colorea el dibujo con sus colores reales.

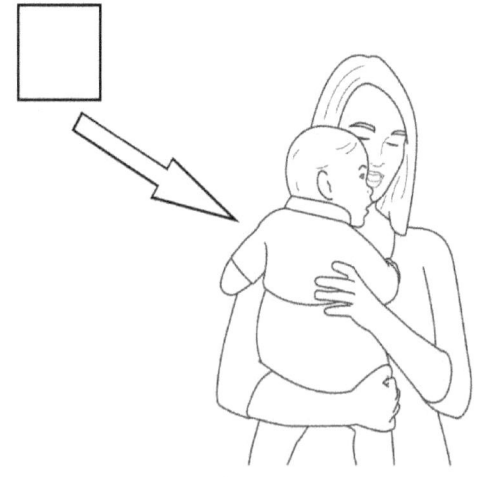

Nombre:_____

Páginas de práctica

1. Escribe el sustantivo que representa la imagen y hazle un círculo al tipo de sustantivo que pertenece. Cuenta el número de letras en cada palabra y pon el número en el cuadrado al lado, luego búscalas en la sopa de letras.

BEBÉ ☐

BOTAS ☐

BARCO ☐

BALDE ☐

BIGOTE ☐

```
Z F A G P Q P O E Q V
H T L M X B I G O T E
F V N U Q F E L Z G H
M R L M P A G S R X L
W E K T B O T A S A O
V S N E N M M K F J A
K T P R F W B U N M O
B A L D E D P H G O X
K E W T D O R P N B L
D O N B V E K B E B É
H W H V W J B A R C O
```

2. Escribe una oración con el sustantivo que escribiste en el renglón de arriba:

_____

- 71 -

Nombre:_____

Páginas de práctica

Hazle un óvalo alrededor de cada palabra
¿Cuántas palabras hay? ☐   Lee la oración y colorea.

En el mar nada la ballena con su bebé.

¿Cuántos sustantivos de persona hay? ☐

¿Cuántos sustantivos de animal hay? ☐

¿Cuántos sustantivos de cosa hay? ☐

Escribe el sustantivo de lugar:

_____

- -

_____

Nombre:_____

Páginas de práctica

Diferencia entre letra, palabra, sílaba y oración

<u>1er recuadro</u>: Diga el nombre de cada sustantivo. Pida a los estudiantes que identifiquen cuál de estos dibujos empieza con el sonido /b/ y que le hagan un círculo alrededor. Luego pídales a los estudiantes que escriban la letra minúscula que hace ese sonido.

<u>2do recuadro</u>: Cuenten las sílabas de la palabra que empieza con b y pida que escriban la primera sílaba de esa palabra.

<u>3er recuadro</u>: Pida a los estudiantes que escriban toda la palabra y que tracen un óvalo.

Cuando toda la página esté completa, léala con sus estudiantes: El primer recuadro la leerá realizando el sonido /b/, dirá la sílaba "bos", la palabra "bosque", por último lea la oración. Haga referencia a la diferencia entre letra, sílaba, palabra y oración.

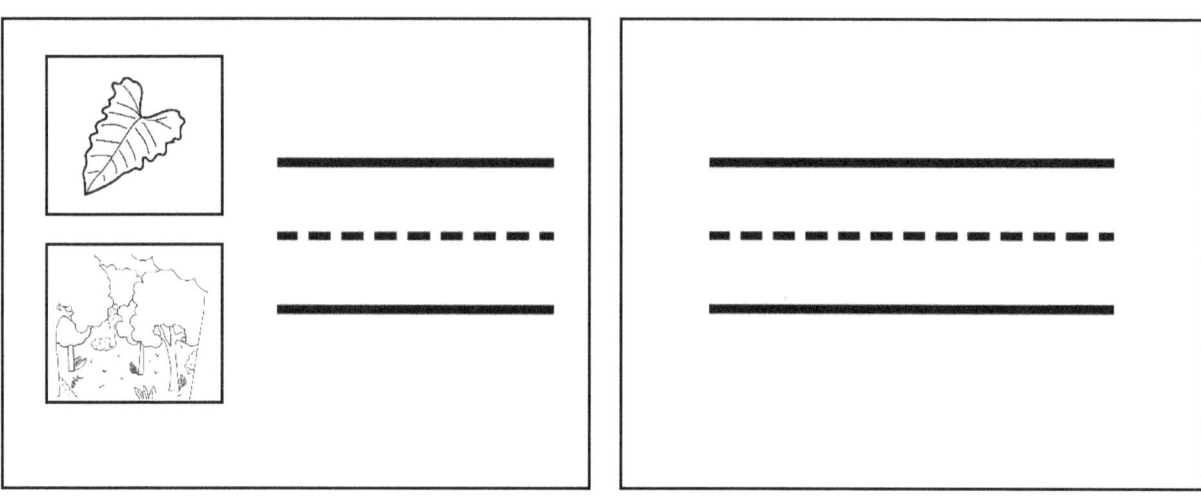

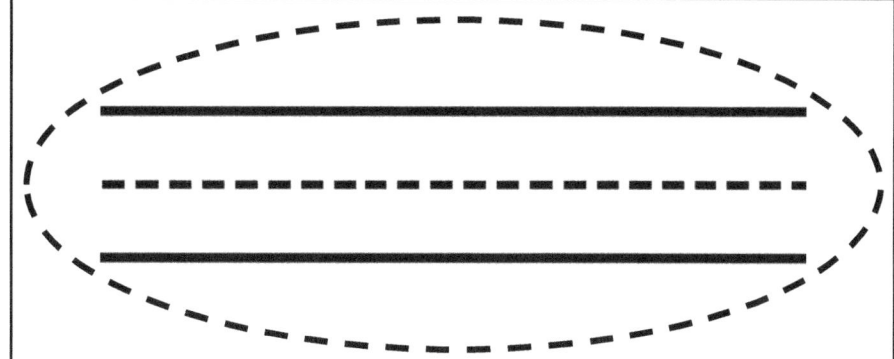

4. Escribe una oración usando el sustantivo:

Nombre:_____

Páginas de práctica

Los sustantivos

1. Usando los sonidos de cada letra de la palabra, escríbela en el renglón. Escribe en el recuadro una P (persona), A (animal), L (lugar) y C (cosa). Colorea el dibujo con sus colores reales.

 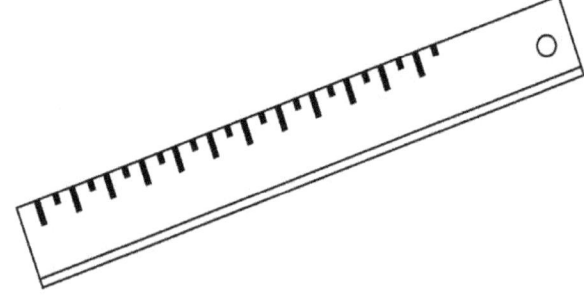

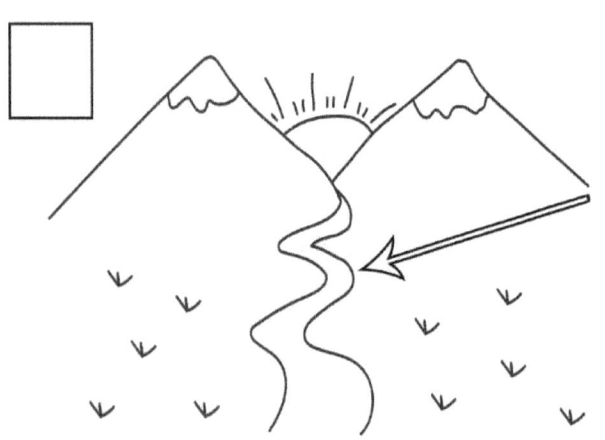 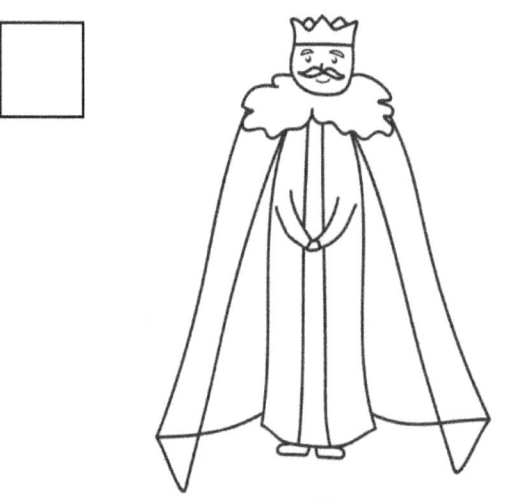

Nombre: _____

Páginas de práctica

1. Escribe el sustantivo que representa la imagen y hazle un círculo al tipo de sustantivo que pertenece. Cuenta el número de letras en cada palabra y pon el número en el cuadrado al lado, luego búscalas en la sopa de letras.

RAMA ☐

RAQUETA ☐

RATÓN ☐

RELOJ ☐

REGLA ☐

```
R D Q V W T W L H J X
O A V E B A R A T Ó N
X J A X R C Y T D S J
A U R A M A D T R R H
L T C H O S Z F C P X
R U P V S N T H I C D
D H U R A Q U E T A S
N Y N L Y E N R Y N C
C R E L O J B M L U Q
F R I H S A J N U E A
B R E G L A K N B Q P
```

2. Escribe una oración con el sustantivo que escribiste en el renglón de arriba:

- 75 -

Nombre:_____

Páginas de práctica

Hazle un óvalo alrededor de cada palabra
¿Cuántas palabras hay? ☐ Lee la oración y colorea.

Rolo regaló un ramo de rosas para la sala.

"Yo soy Rolo."

¿Cuántos sustantivos de persona hay? ☐

Escribe el nombre de la persona que ves:

Escribe el sustantivo de lugar:

¿Cuántos sustantivos de cosa hay? ☐

Escribe el sustantivo de lugar:

Nombre:_____

Páginas de práctica

Diferencia entre letra, palabra, sílaba y oración

<u>1er recuadro</u>: Diga el nombre de cada sustantivo. Pida a los estudiantes que identifiquen cuál de estos dibujos empieza con el sonido /r/ y que le hagan un círculo alrededor. Luego pídales a los estudiantes que escriban la letra minúscula que hace ese sonido.

<u>2do recuadro</u>: Cuenten las sílabas de la palabra que empieza con r y pida que escriban la primera sílaba de esa palabra.

<u>3er recuadro</u>: Pida a los estudiantes que escriban toda la palabra y que tracen un óvalo.

Cuando toda la página esté completa, léala con sus estudiantes: El primer recuadro la leerá realizando el sonido /r/, dirá la sílaba "re", la palabra "reloj", por último lea la oración. Haga referencia a la diferencia entre letra, sílaba, palabra y oración.

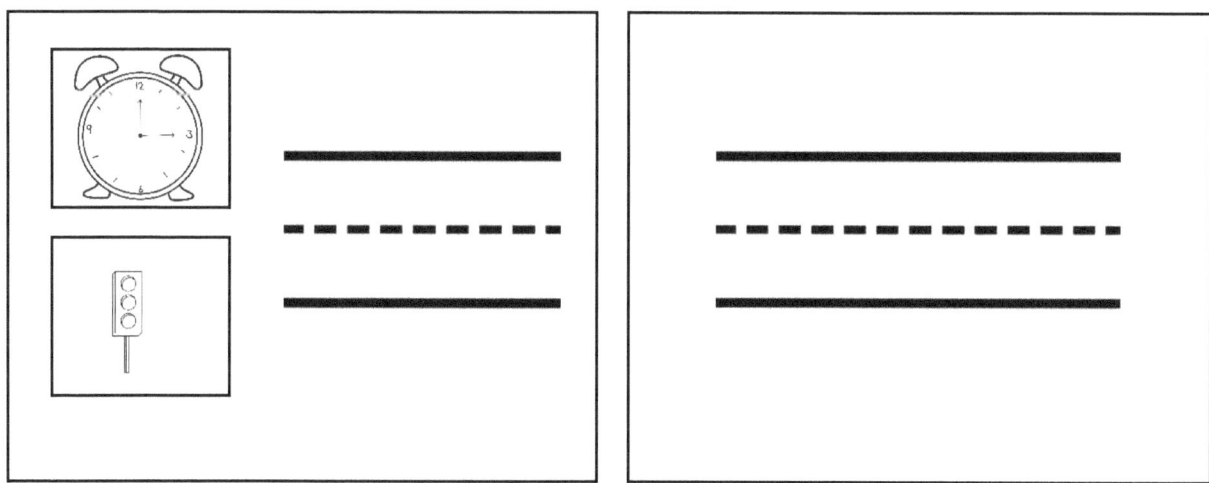

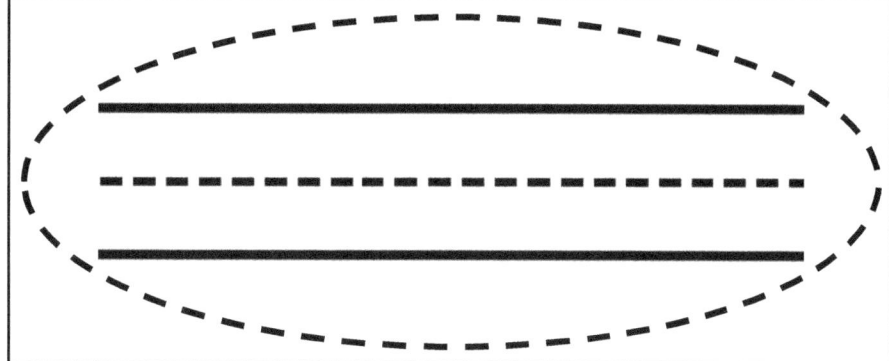

4. Escribe una oración usando el sustantivo:

Nombre:_____

Páginas de práctica

Los sustantivos

1. Usando los sonidos de cada letra de la palabra, escríbela en el renglón. Escribe en el recuadro una P (persona), A (animal), L (lugar) y C (cosa). Colorea el dibujo con sus colores reales.

Nombre: _____

Páginas de práctica

1. Escribe el sustantivo que representa la imagen y hazle un círculo al tipo de sustantivo que pertenece. Cuenta el número de letras en cada palabra y pon el número en el cuadrado al lado, luego búscalas en la sopa de letras.

UÑA ☐

MEÑIQUE ☐

BAÑERA ☐

ARAÑA ☐

ÑUSTA ☐

```
G Z S Z J G J Y Z P P
D X M W Y U J T S B G
B G N Y N A V F C E X
C A R A Ñ A S A C R C
S Y Z K Y G L C A C D
M M E Ñ I Q U E P L D
Y M U Ñ A K M G R D G
V B R G E U L O S J S
V I Ñ U S T A Y A H X
B A Ñ E R A A P J B C
B Z H Z H C W C F M P
```

2. Escribe una oración con el sustantivo que escribiste en el renglón de arriba:

_____

- 79 -

Nombre:_____

Páginas de práctica

Hazle un óvalo alrededor de cada palabra

¿Cuántas palabras hay? ☐   Lee la oración y colorea.

La niña tiene un moño en la cabeza.

¿Cuántos sustantivos de persona hay? ☐

¿Cuántos sustantivos de animal hay? ☐

¿Cuántos sustantivos de cosa hay? ☐

Escribe dos sustantivos de cosa que ves:

Escribe el sustantivo de lugar:

Nombre:_____

 Páginas de práctica

Diferencia entre letra, palabra, sílaba y oración

<u>1er recuadro</u>: Diga el nombre de cada sustantivo. Pida a los estudiantes que identifiquen cuál de estos dibujos empieza con el sonido /ñ/ y que le hagan un círculo alrededor. Luego pídales a los estudiantes que escriban la letra minúscula que hace ese sonido.

<u>2do recuadro</u>: Cuenten las sílabas de la palabra que empieza con ñ y pida que escriban la primera sílaba de esa palabra.

<u>3er recuadro</u>: Pida a los estudiantes que escriban toda la palabra y que tracen un óvalo.

Cuando toda la página esté completa, léala con sus estudiantes: El primer recuadro la leerá realizando el sonido /ñ/, dirá la sílaba "ñan", la palabra "ñandú", por último lea la oración. Haga referencia a la diferencia entre letra, sílaba, palabra y oración.

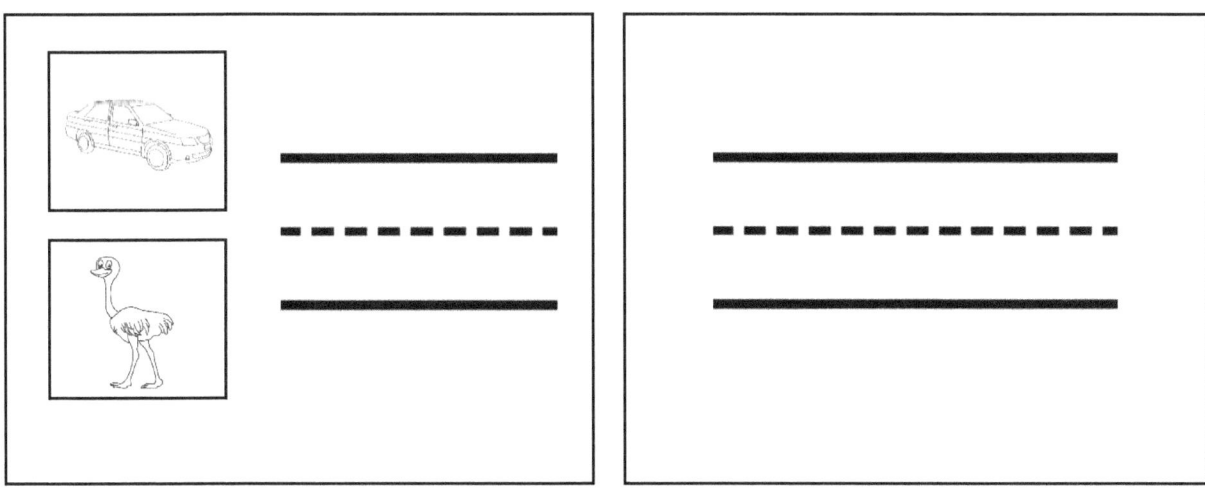

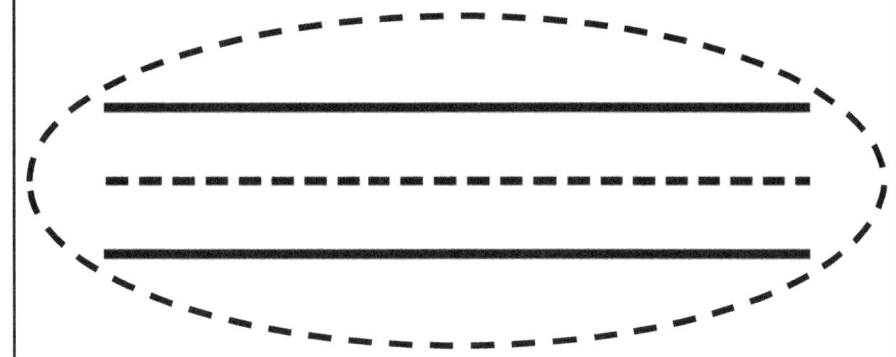

4. Escribe una oración usando el sustantivo:

Nombre:_____

Páginas de práctica

Los sustantivos

1. Usando los sonidos de cada letra de la palabra, escríbela en el renglón. Escribe en el recuadro una P (persona), A (animal), L (lugar) y C (cosa). Colorea el dibujo con sus colores reales.

Nombre:_____

Páginas de práctica

1. Escribe el sustantivo que representa la imagen y hazle un círculo al tipo de sustantivo que pertenece. Cuenta el número de letras en cada palabra y pon el número en el cuadrado al lado, luego búscalas en la sopa de letras.

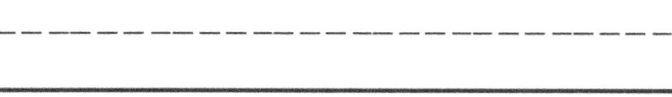

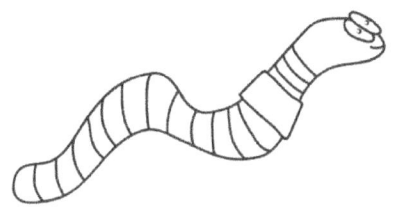

GOTA ☐

GORILA ☐

GALLETA ☐

GAFAS ☐

GUANTE ☐

U	T	T	G	O	T	A	I	B	O	I
B	M	Z	T	E	R	U	Z	Q	D	K
W	N	G	Q	G	A	F	A	S	S	K
G	A	L	L	E	T	A	E	N	F	G
N	W	S	A	B	G	B	F	X	N	B
S	B	H	L	G	U	A	N	T	E	G
E	G	Z	U	A	D	V	W	H	C	A
R	B	Y	X	U	Q	L	O	C	Q	U
D	D	N	X	H	R	E	W	L	F	P
Z	G	R	L	T	X	F	H	N	X	O
H	Z	D	G	O	R	I	L	A	Q	G

2. Escribe una oración con el sustantivo que escribiste en el renglón de arriba:

Nombre:_____

Páginas de práctica

Hazle un óvalo alrededor de cada palabra

¿Cuántas palabras hay? ☐   Lee la oración y colorea.

Gustavo compró galletas en la gasolinera.

¿Cuántos sustantivos de persona hay? ☐

Escribe el nombre de la persona que ves:

_____

¿Cuántos sustantivos de animal hay? ☐

¿Cuántos sustantivos de cosa hay? ☐

Escribe el sustantivo de lugar:

_____

Nombre:_____

Páginas de práctica

Diferencia entre letra, palabra, sílaba y oración

1er recuadro: Diga el nombre de cada sustantivo. Pida a los estudiantes que identifiquen cuál de estos dibujos empieza con el sonido /g/ y que le hagan un círculo alrededor. Luego pídales a los estudiantes que escriban la letra minúscula que hace ese sonido.

2do recuadro: Cuenten las sílabas de la palabra que empieza con g y pida que escriban la primera sílaba de esa palabra.

3er recuadro: Pida a los estudiantes que escriban toda la palabra y que tracen un óvalo.

Cuando toda la página esté completa, léala con sus estudiantes: El primer recuadro la leerá realizando el sonido /g/, dirá la sílaba "ga", la palabra "gato", por último lea la oración. Haga referencia a la diferencia entre letra, sílaba, palabra y oración.

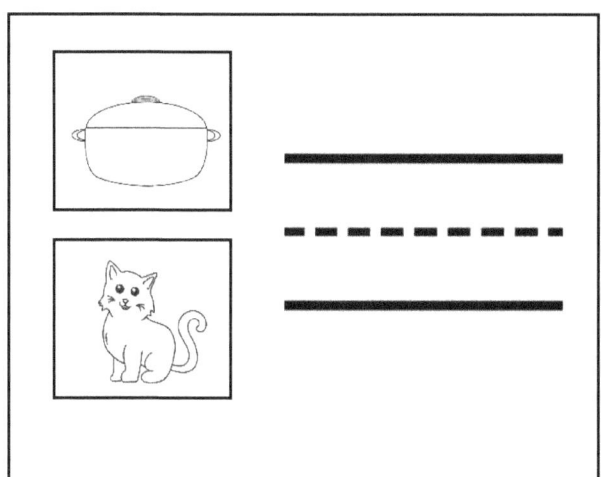

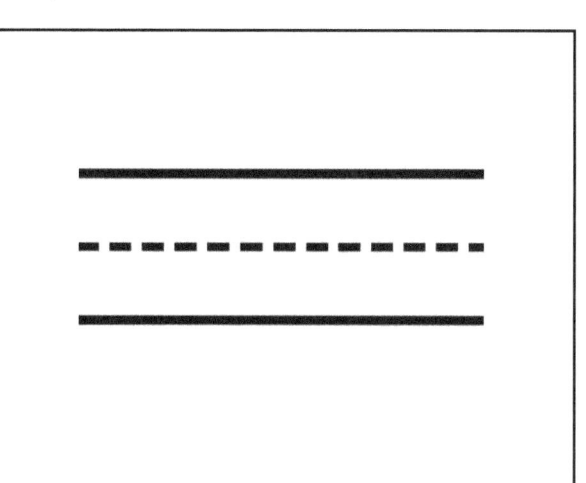

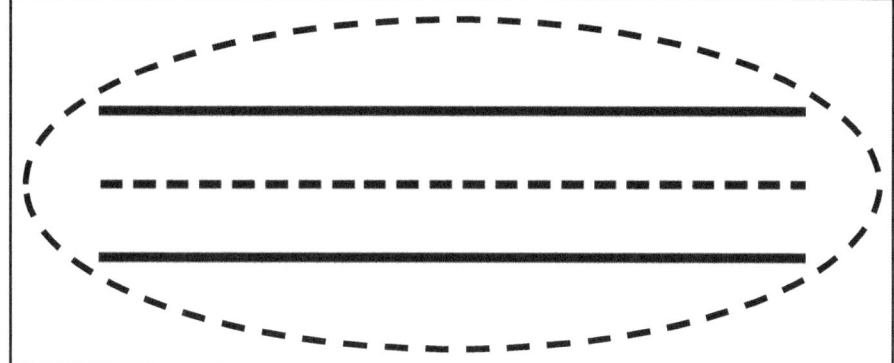

4. Escribe una oración usando el sustantivo:

Nombre:_____

Páginas de práctica

Los sustantivos

1. Usando los sonidos de cada letra de la palabra, escríbela en el renglón. Escribe en el recuadro una P (persona), A (animal), L (lugar) y C (cosa). Colorea el dibujo con sus colores reales.

Nombre: _____

Páginas de práctica

1. Escribe el sustantivo que representa la imagen y hazle un círculo al tipo de sustantivo que pertenece. Cuenta el número de letras en cada palabra y pon el número en el cuadrado al lado, luego búscalas en la sopa de letras.

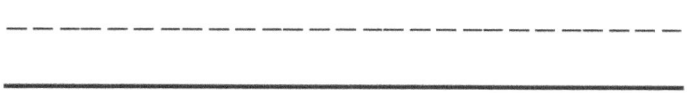

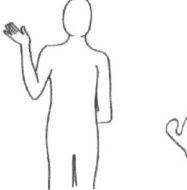   

DUCHA ☐

DOMINÓ ☐

DOCTOR ☐

DIENTE ☐

DULCE ☐

```
P D O C T O R Q I H U
C Z Q D O M I N Ó S A
D D K C D A N U E L Z
H S I H C X L P A O U
G U G C O L O G W V V
A B T L V T D U L C E
P D H Z Z E P E B Q E
B H K W R S V H E P E
I I B Y T K E H Y D O
F C Y D I E N T E W W
Y Q Q X N D U C H A U
```

2. Escribe una oración con el sustantivo que escribiste en el renglón de arriba:

_____

Nombre:_____

Páginas de práctica

Hazle un óvalo alrededor de cada palabra
¿Cuántas palabras hay? ☐   Lee la oración y colorea.

Daniel me da dinero para que vaya a la tienda a comprar dos dulces.

¿Cuántos sustantivos de persona hay? ☐

¿Cuántos sustantivos de animal hay? ☐

¿Cuántos sustantivos de cosa hay? ☐

Escribe el sustantivo de cosa que compró:

Escribe el sustantivo de lugar:

Nombre:_____

Diferencia entre letra, palabra, sílaba y oración

<u>1er recuadro:</u> Diga el nombre de cada sustantivo. Pida a los estudiantes que identifiquen cuál de estos dibujos empieza con el sonido /d/ y que le hagan un círculo alrededor. Luego pídales a los estudiantes que escriban la letra minúscula que hace ese sonido.

<u>2do recuadro:</u> Cuenten las sílabas de la palabra que empieza con d y pida que escriban la primera sílaba de esa palabra.

<u>3er recuadro:</u> Pida a los estudiantes que escriban toda la palabra y que tracen un óvalo.

Cuando toda la página esté completa, léala con sus estudiantes: El primer recuadro la leerá realizando el sonido /d/, dirá la sílaba "di", la palabra "dinero", por último lea la oración. Haga referencia a la diferencia entre letra, sílaba, palabra y oración.

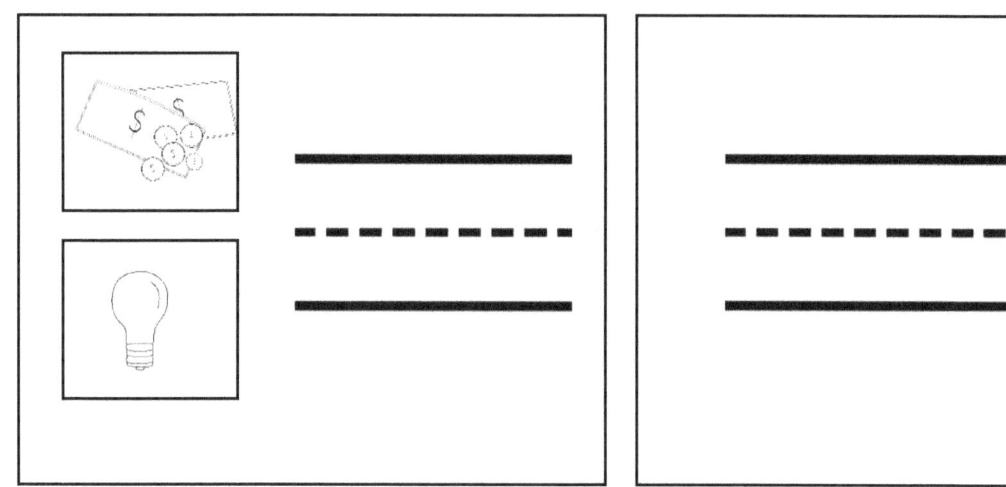

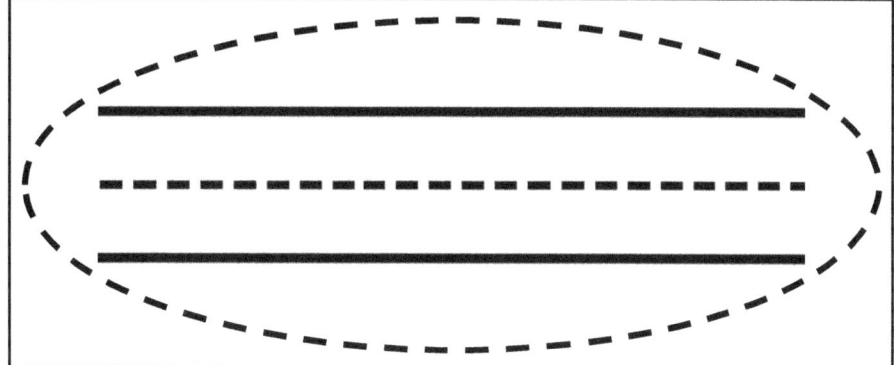

4. Escribe una oración usando el sustantivo:

Nombre:_____

Páginas de práctica

Los sustantivos

1. Usando los sonidos de cada letra de la palabra, escríbela en el renglón. Escribe en el recuadro una P (persona), A (animal), L (lugar) y C (cosa). Colorea el dibujo con sus colores reales.

Nombre:_____

Páginas de práctica

1. Escribe el sustantivo que representa la imagen y hazle un círculo al tipo de sustantivo que pertenece. Cuenta el número de letras en cada palabra y pon el número en el cuadrado al lado, luego búscalas en la sopa de letras.

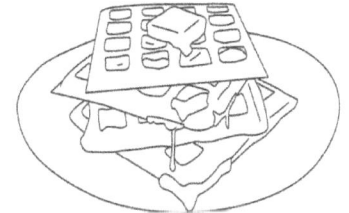      

WAFLES ☐
WEB ☐
WINCHA ☐
WALTER ☐
WENDY ☐

A	M	Q	E	W	R	B	E	B	J	X
Z	S	W	A	L	T	E	R	J	I	N
G	M	X	W	E	N	D	Y	D	K	G
O	G	F	P	P	L	O	D	V	D	U
N	L	W	E	B	G	T	A	L	Y	U
Y	Z	S	T	S	O	A	B	X	G	G
W	I	N	C	H	A	L	S	M	R	Y
J	J	N	Z	X	E	H	E	K	S	S
Y	E	Z	N	W	A	F	L	E	S	N
U	Y	W	A	I	B	W	V	J	L	R
E	U	E	L	U	X	K	N	T	N	S

2. Escribe una oración con el sustantivo que escribiste en el renglón de arriba:

Nombre:_____

Páginas de práctica

Hazle un óvalo alrededor de cada palabra
¿Cuántas palabras hay? ☐ Lee la oración y colorea.

A Walter le gustan los wafles.

¿Cuántos sustantivos de persona hay? ☐

¿Cuántos sustantivos de animal hay? ☐

¿Cuántos sustantivos de cosa hay? ☐

Escribe el sustantivo de lugar:

Nombre:_____

Páginas de práctica

Diferencia entre letra, palabra, sílaba y oración

<u>1er recuadro:</u> Diga el nombre de cada sustantivo. Pida a los estudiantes que identifiquen cuál de estos dibujos empieza con el sonido /w/ y que le hagan un círculo alrededor. Luego pídales a los estudiantes que escriban la letra minúscula que hace ese sonido.

<u>2do recuadro:</u> Cuenten las sílabas de la palabra que empieza con w y pida que escriban la primera sílaba de esa palabra.

<u>3er recuadro:</u> Pida a los estudiantes que escriban toda la palabra y que tracen un óvalo.

Cuando toda la página esté completa, léala con sus estudiantes: El primer recuadro la leerá realizando el sonido /w/, dirá la sílaba "web", la palabra "web", por último lea la oración. Haga referencia a la diferencia entre letra, sílaba, palabra y oración.

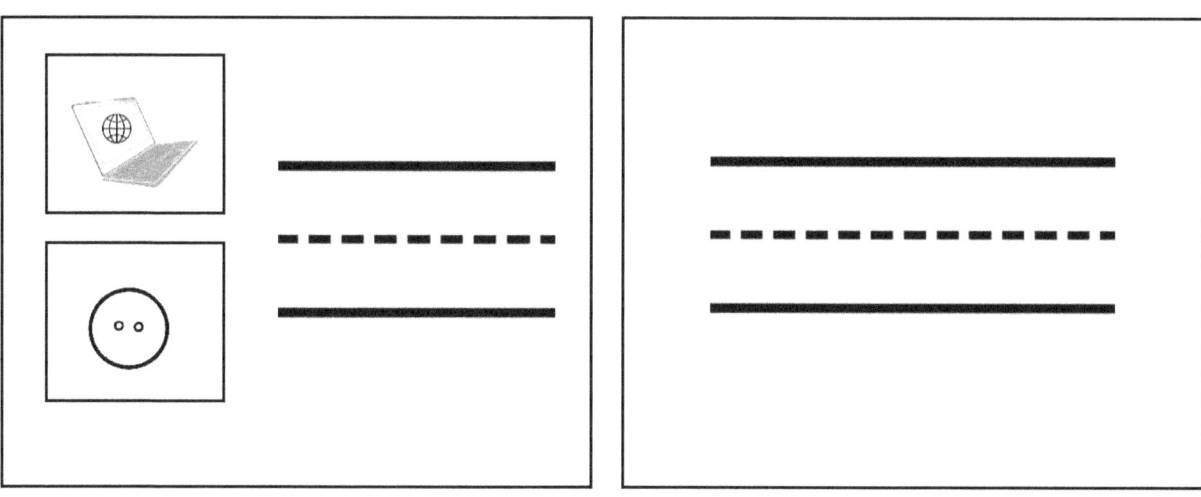

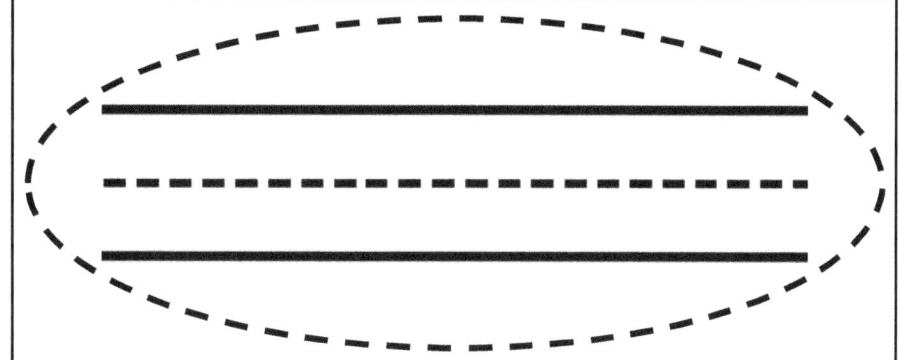

4. Escribe una oración usando el sustantivo:

Nombre:_____

Páginas de práctica

Los sustantivos

1. Usando los sonidos de cada letra de la palabra, escríbela en el renglón. Escribe en el recuadro una P (persona), A (animal), L (lugar) y C (cosa). Colorea el dibujo con sus colores reales.

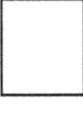

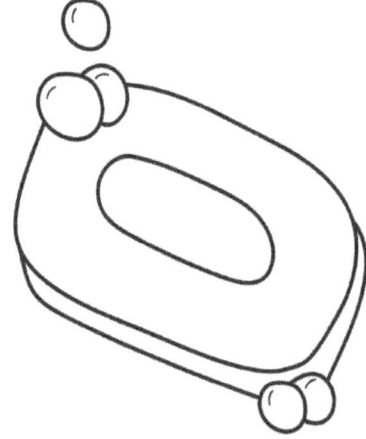

Nombre:_____

Páginas de práctica

1. Escribe el sustantivo que representa la imagen y hazle un círculo al tipo de sustantivo que pertenece. Cuenta el número de letras en cada palabra y pon el número en el cuadrado al lado, luego búscalas en la sopa de letras.

JOYA

JUGO

JARDÍN

JAULA

JEFE

2. Escribe una oración con el sustantivo que escribiste en el renglón de arriba:

Nombre:_____

Páginas de práctica

Hazle un óvalo alrededor de cada palabra
¿Cuántas palabras hay? ☐ Lee la oración y colorea.

El jaguar y la jirafa tienen manchas en su piel.

¿Cuántos sustantivos de persona hay? ☐

¿Cuántos sustantivos de animal hay? ☐

Escribe los sustantivos de animal que ves:

_____

- -

_____

¿Cuántos sustantivos de cosa hay? ☐

Encierra con un óvalo el correcto sustantivo de lugar:

Desierto   Zoológico   Selva

Nombre: _____

Páginas de práctica

Diferencia entre letra, palabra, sílaba y oración

<u>1er recuadro</u>: Diga el nombre de cada sustantivo. Pida a los estudiantes que identifiquen cuál de estos dibujos empieza con el sonido /j/ y que le hagan un círculo alrededor. Luego pídales a los estudiantes que escriban la letra minúscula que hace ese sonido.

<u>2do recuadro</u>: Cuenten las sílabas de la palabra que empieza con j y pida que escriban la primera sílaba de esa palabra.

<u>3er recuadro</u>: Pida a los estudiantes que escriban toda la palabra y que tracen un óvalo.

Cuando toda la página esté completa, léala con sus estudiantes: El primer recuadro la leerá realizando el sonido /j/, dirá la sílaba "ja", la palabra "jaguar", por último lea la oración. Haga referencia a la diferencia entre letra, sílaba, palabra y oración.

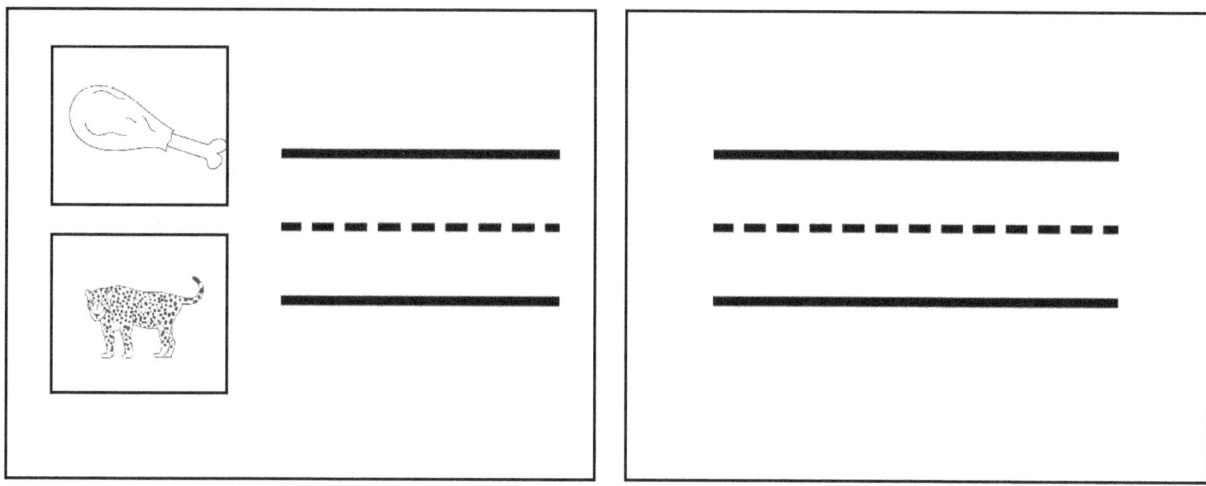

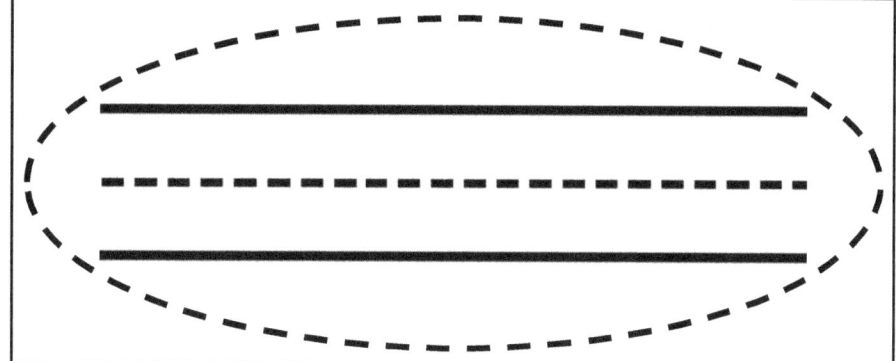

4. Escribe una oración usando el sustantivo:

Nombre: _____

◁ Páginas de práctica

Los sustantivos

1. Usando los sonidos de cada letra de la palabra, escríbela en el renglón. Escribe en el recuadro una P (persona), A (animal), L (lugar) y C (cosa). Colorea el dibujo con sus colores reales.

☐

☐

☐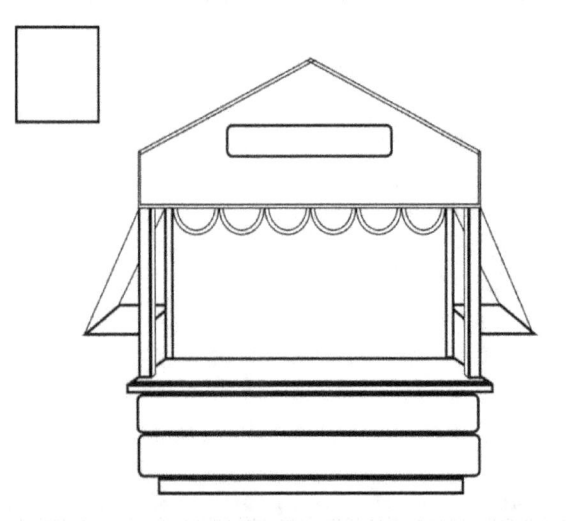

☐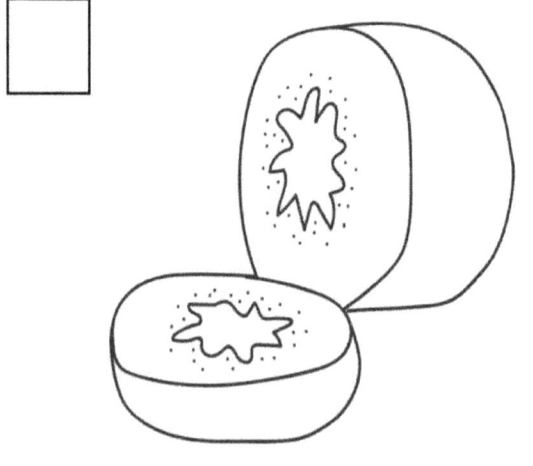

Nombre：_____

Páginas de práctica

1. Escribe el sustantivo que representa la imagen y hazle un círculo al tipo de sustantivo que pertenece. Cuenta el número de letras en cada palabra y pon el número en el cuadrado al lado, luego búscalas en la sopa de letras.

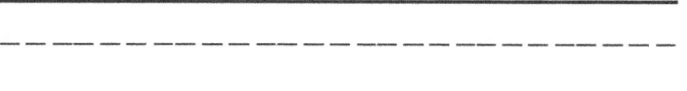

KOALA ☐

EKEKO ☐

KARATE ☐

KIWI ☐

KILO ☐

B	F	G	F	F	E	K	O	A	L	A
B	P	U	M	M	L	T	O	O	V	W
L	X	W	R	T	K	I	L	O	R	N
D	T	K	I	W	I	G	D	Y	N	U
G	E	A	H	N	U	P	W	H	K	A
U	S	L	B	H	K	A	R	A	T	E
Q	B	Q	Y	U	A	E	N	B	X	I
K	I	E	Q	Y	S	Z	O	S	S	T
Z	Y	H	H	Z	H	Q	B	E	E	E
Z	Z	B	O	E	K	E	K	O	V	Z
Z	D	N	H	X	K	H	L	Z	H	W

2. Escribe una oración con el sustantivo que escribiste en el renglón de arriba:

- 99 -

Nombre:_____

Diferencia entre letra, palabra, sílaba y oración

<u>1er recuadro:</u> Diga el nombre de cada sustantivo. Pida a los estudiantes que identifiquen cuál de estos dibujos empieza con el sonido /k/ y que le hagan un círculo alrededor. Luego pídales a los estudiantes que escriban la letra minúscula que hace ese sonido.

<u>2do recuadro:</u> Cuenten las sílabas de la palabra que empieza con k y pida que escriban la primera sílaba de esa palabra.

<u>3er recuadro:</u> Pida a los estudiantes que escriban toda la palabra y que tracen un óvalo.

Cuando toda la página esté completa, léala con sus estudiantes: El primer recuadro la leerá realizando el sonido /k/, dirá la sílaba "kios", la palabra "kiosko", por último lea la oración. Haga referencia a la diferencia entre letra, sílaba, palabra y oración.

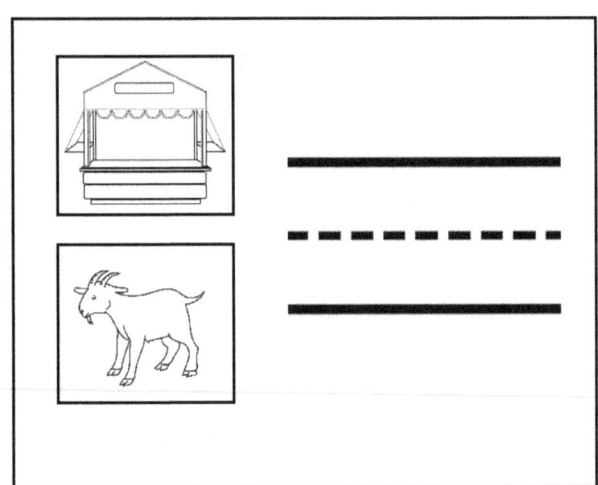
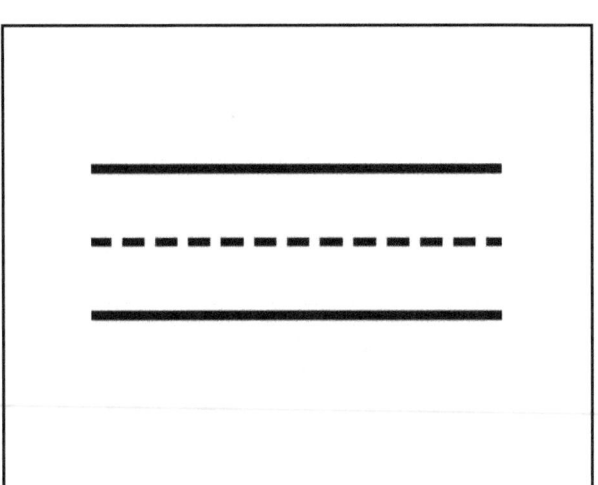
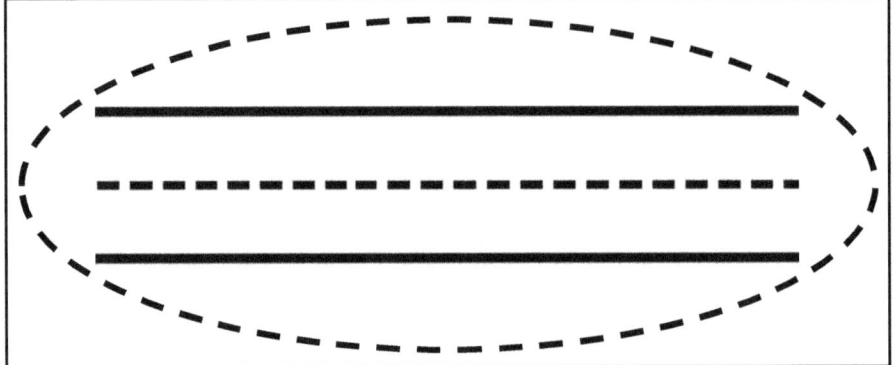

4. Escribe una oración usando el sustantivo:

Nombre:_____

Páginas de práctica

Los sustantivos

1. Usando los sonidos de cada letra de la palabra, escríbela en el renglón. Escribe en el recuadro una P (persona), A (animal), L (lugar) y C (cosa). Colorea el dibujo con sus colores reales.

- 101 -

Nombre:_____

Páginas de práctica

1. Escribe el sustantivo que representa la imagen y hazle un círculo al tipo de sustantivo que pertenece. Cuenta el número de letras en cada palabra y pon el número en el cuadrado al lado, luego búscalas en la sopa de letras.

QUESO ☐

QUENA ☐

QUINCE ☐

QUÍMICA ☐

QUIJADA ☐

K	P	Q	U	E	N	A	B	B	K	Y
W	M	Q	E	R	M	M	K	W	N	X
P	L	N	M	U	L	W	G	S	V	P
Y	D	Y	O	B	M	I	D	F	K	O
W	S	J	W	I	G	W	E	E	Y	A
E	U	Q	U	E	S	O	Q	U	E	U
C	D	Z	P	U	Z	T	B	L	F	K
O	Q	U	Í	M	I	C	A	L	O	G
G	Y	C	S	Q	A	Y	P	L	A	C
J	C	A	Y	Q	U	I	N	C	E	G
O	Q	Q	U	I	J	A	D	A	E	X

2. Escribe una oración con el sustantivo que escribiste en el renglón de arriba:

Nombre:_____

Páginas de práctica

Hazle un óvalo alrededor de cada palabra

¿Cuántas palabras hay? ☐   Lee la oración y colorea.

Ellas tienen clases de karate y química en la escuela.

¿Cuántos sustantivos de persona hay? ☐

¿Cuántos sustantivos de animal hay? ☐

¿Cuántos sustantivos de cosa hay? ☐

Escribe el sustantivo de lugar:

_____

- -

_____

Nombre:_____

Diferencia entre letra, palabra, sílaba y oración

<u>1er recuadro:</u> Diga el nombre de cada sustantivo. Pida a los estudiantes que identifiquen cuál de estos dibujos empieza con el sonido /q/ y que le hagan un círculo alrededor. Luego pídales a los estudiantes que escriban la letra minúscula que hace ese sonido.

<u>2do recuadro:</u> Cuenten las sílabas de la palabra que empieza con q y pida que escriban la primera sílaba de esa palabra.

<u>3er recuadro:</u> Pida a los estudiantes que escriban toda la palabra y que tracen un óvalo.

Cuando toda la página esté completa, léala con sus estudiantes: El primer recuadro la leerá realizando el sonido /q/, dirá la sílaba "que", la palabra "queso", por último lea la oración. Haga referencia a la diferencia entre letra, sílaba, palabra y oración.

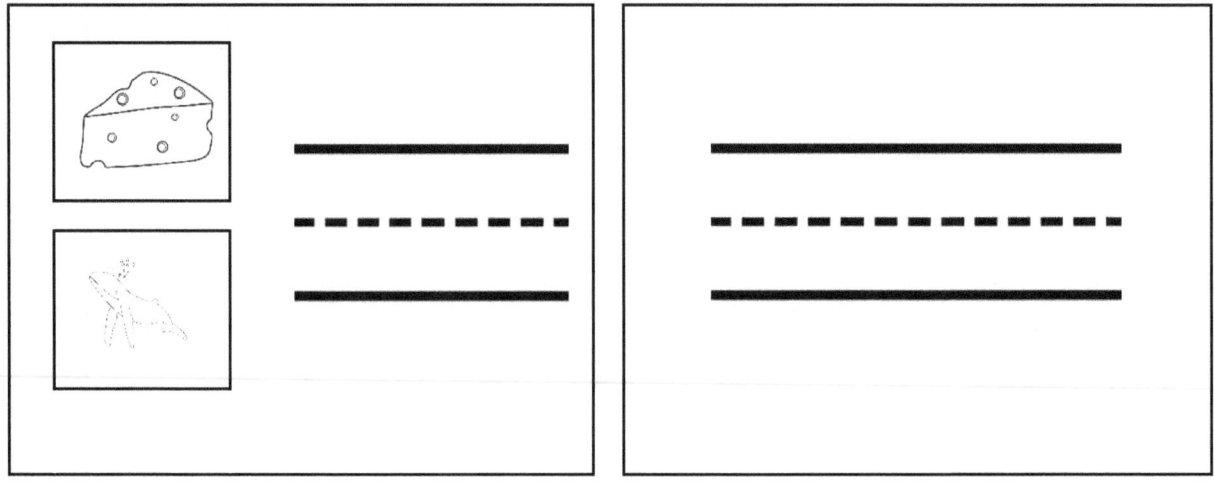

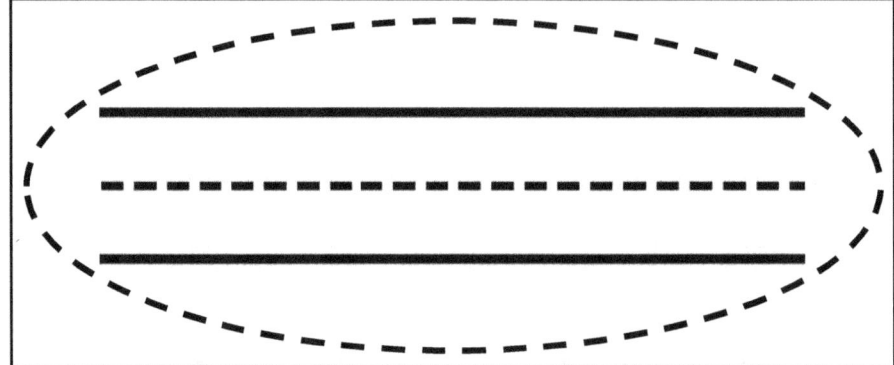

4. Escribe una oración usando el sustantivo:

Nombre:_____

Páginas de práctica

Los sustantivos

1. Usando los sonidos de cada letra de la palabra, escríbela en el renglón. Escribe en el recuadro una P (persona), A (animal), L (lugar) y C (cosa). Colorea el dibujo con sus colores reales.

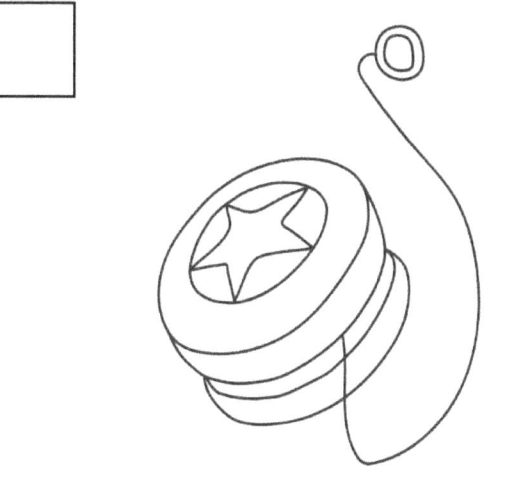

Nombre: _____

Páginas de práctica

1. Escribe el sustantivo que representa la imagen y hazle un círculo al tipo de sustantivo que pertenece. Cuenta el número de letras en cada palabra y pon el número en el cuadrado al lado, luego búscalas en la sopa de letras.

_____
- -
_____

YESO ☐

YATE ☐

YOYO ☐

YUCAS ☐

YEGUA ☐

T	W	M	B	Y	U	C	A	S	D	W
A	B	H	V	E	G	M	V	R	T	F
A	Z	I	Y	E	G	U	A	Z	B	V
G	V	K	V	F	E	M	I	T	B	Y
D	O	P	G	P	C	H	Y	E	S	O
M	P	J	N	Z	R	O	M	R	V	W
K	R	T	D	B	M	P	I	W	O	R
C	X	I	P	Y	O	Y	O	R	Y	W
N	N	H	G	Z	B	E	H	Y	Z	I
W	Y	X	J	K	O	T	U	J	U	O
Q	P	Z	P	Q	G	Z	Y	A	T	E

2. Escribe una oración con el sustantivo que escribiste en el renglón de arriba:

_____

Nombre:_____

Páginas de práctica

Hazle un óvalo alrededor de cada palabra
¿Cuántas palabras hay? ☐ Lee la oración y colorea.

Tu papá hace yoga y él juega con el yoyo.

¿Cuántos sustantivos de persona hay? ☐

Imagina y escribe el nombre del papá:

_____

- -

¿Cuántos sustantivos de cosa hay? ☐

Escribe el sustantivo de lugar donde el papá está jugando el yoyo:

_____

- -

Nombre:_____

Páginas de práctica

Diferencia entre letra, palabra, sílaba y oración

<u>1er recuadro</u>: Diga el nombre de cada sustantivo. Pida a los estudiantes que identifiquen cuál de estos dibujos empieza con el sonido /y/ y que le hagan un círculo alrededor. Luego pídales a los estudiantes que escriban la letra minúscula que hace ese sonido.

<u>2do recuadro</u>: Cuenten las sílabas de la palabra que empieza con y pida que escriban la primera sílaba de esa palabra.

<u>3er recuadro</u>: Pida a los estudiantes que escriban toda la palabra y que tracen un óvalo.

Cuando toda la página esté completa, léala con sus estudiantes: El primer recuadro la leerá realizando el sonido /y/, dirá la sílaba "yo", la palabra "yo", por último lea la oración. Haga referencia a la diferencia entre letra, sílaba, palabra y oración.

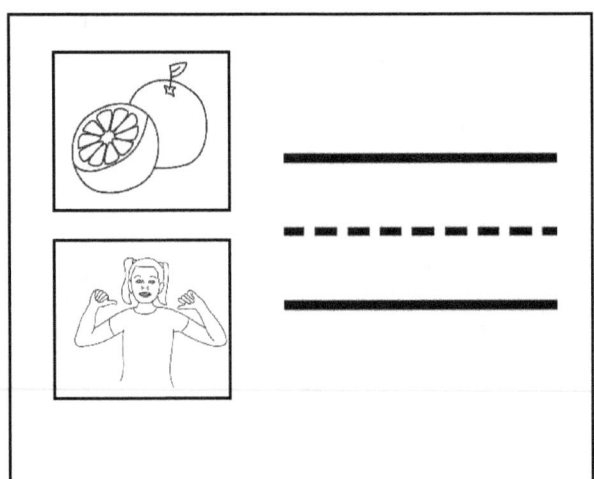

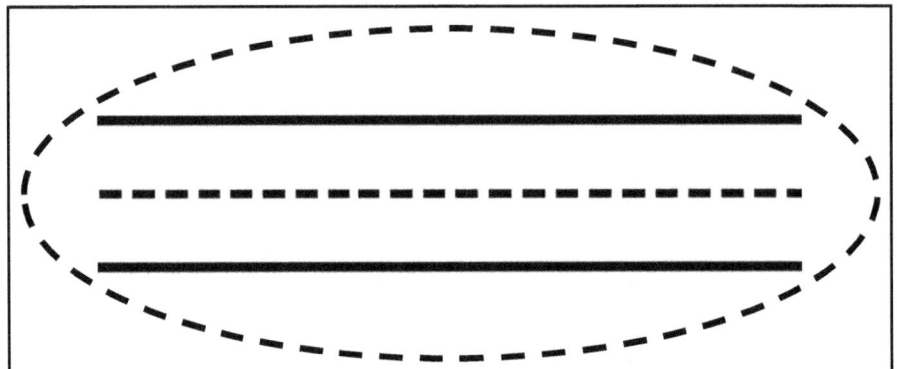

4. Escribe una oración usando el sustantivo:

Nombre:_____

Páginas de práctica

Los sustantivos

1. Usando los sonidos de cada letra de la palabra, escríbela en el renglón. Escribe en el recuadro una P (persona), A (animal), L (lugar) y C (cosa). Colorea el dibujo con sus colores reales.

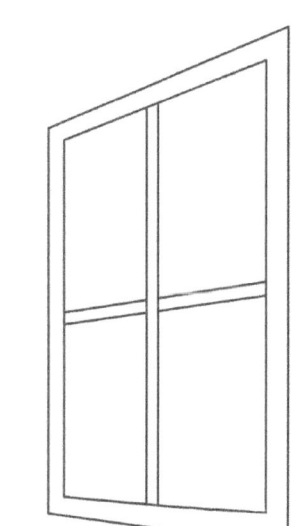

Nombre:_____

Páginas de práctica

1. Escribe el sustantivo que representa la imagen y hazle un círculo al tipo de sustantivo que pertenece. Cuenta el número de letras en cada palabra y pon el número en el cuadrado al lado, luego búscalas en la sopa de letras.

VICUÑA ☐

VACUNA ☐

VENTANA ☐

VOLCÁN ☐

VIDRIO ☐

2. Escribe una oración con el sustantivo que escribiste en el renglón de arriba:

Nombre:_____

Páginas de práctica

Hazle un óvalo alrededor de cada palabra

¿Cuántas palabras hay? ☐   Lee la oración y colorea.

El vestido de mi mamá es verde.

¿Cuántos sustantivos de persona hay? ☐

¿Cuántos sustantivos de animal hay? ☐

Escribe los sustantivos de cosa que ves:

_____

- -

_____

Encierra con un óvalo el correcto sustantivo de lugar:

        Oficina   Tienda de dulces   Zoológico

Nombre:_____

Páginas de práctica

Diferencia entre letra, palabra, sílaba y oración

<u>1er recuadro:</u> Diga el nombre de cada sustantivo. Pida a los estudiantes que identifiquen cuál de estos dibujos empieza con el sonido /v/ y que le hagan un círculo alrededor. Luego pídales a los estudiantes que escriban la letra minúscula que hace ese sonido.

<u>2do recuadro:</u> Cuenten las sílabas de la palabra que empieza con v y pida que escriban la primera sílaba de esa palabra.

<u>3er recuadro:</u> Pida a los estudiantes que escriban toda la palabra y que tracen un óvalo.

Cuando toda la página esté completa, léala con sus estudiantes: El primer recuadro la leerá realizando el sonido /v/, dirá la sílaba "vol", la palabra "volcán", por último lea la oración. Haga referencia a la diferencia entre letra, sílaba, palabra y oración.

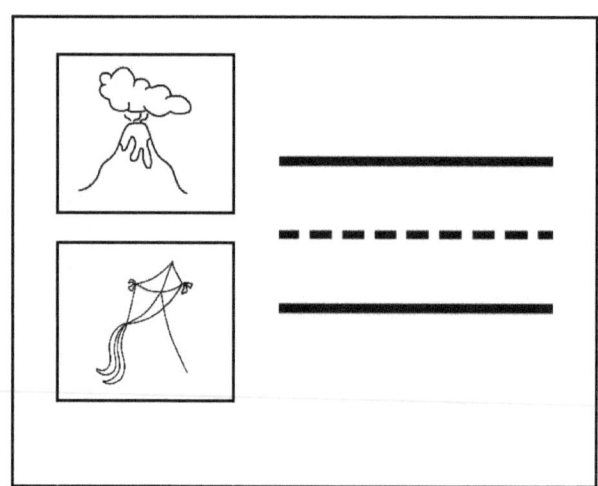

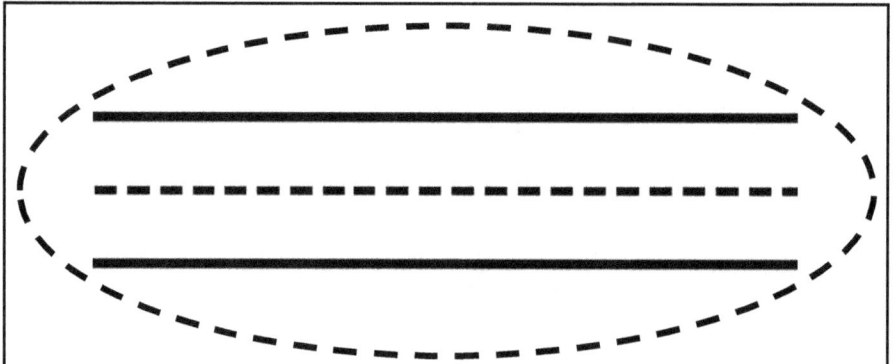

4. Escribe una oración usando el sustantivo:

Nombre: _____

Páginas de práctica

Los sustantivos

1. Usando los sonidos de cada letra de la palabra, escríbela en el renglón. Escribe en el recuadro una P (persona), A (animal), L (lugar) y C (cosa). Colorea el dibujo con sus colores reales.

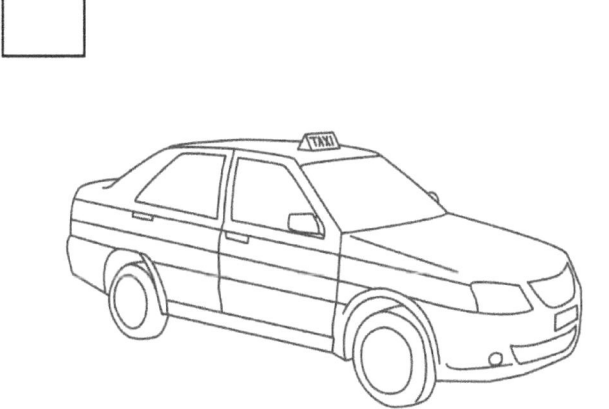

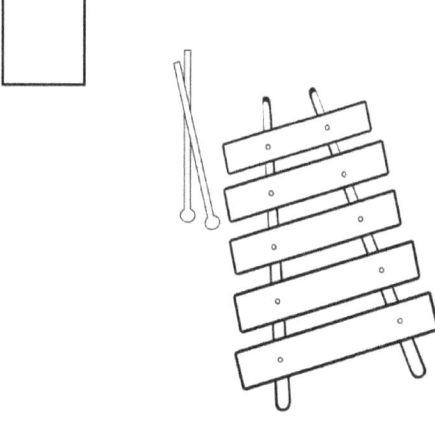

Nombre:_____

Páginas de práctica

1. Escribe el sustantivo que representa la imagen y hazle un círculo al tipo de sustantivo que pertenece. Cuenta el número de letras en cada palabra y pon el número en el cuadrado al lado, luego búscalas en la sopa de letras.

TAXI ☐

TEXAS ☐

BOXEO ☐

TEXTO ☐

EXPRIMIR ☐

O	X	Q	A	Q	O	D	F	Z	N	G
W	I	P	F	Y	G	O	H	B	S	N
Z	T	E	X	A	S	E	O	Q	P	N
G	P	D	L	W	I	T	A	X	I	Y
B	O	X	E	O	L	P	Y	Q	B	X
I	W	G	L	I	P	H	M	R	Q	U
P	U	L	P	K	T	N	G	H	M	O
I	M	S	E	X	P	R	I	M	I	R
W	V	D	M	W	S	R	X	A	W	W
I	W	U	T	E	X	T	O	X	S	J
P	Z	I	M	D	G	Y	B	E	B	H

2. Escribe una oración con el sustantivo que escribiste en el renglón de arriba:

_____
- -
_____

- 114 -

Nombre:_____

Páginas de práctica

Diferencia entre letra, palabra, sílaba y oración

<u>1er recuadro:</u> Diga el nombre de cada sustantivo. Pida a los estudiantes que identifiquen cuál de estos dibujos tiene el sonido /x/ y que le hagan un círculo alrededor. Luego pídales a los estudiantes que escriban la letra minúscula que hace ese sonido.

<u>2do recuadro:</u> Cuenten las sílabas de la palabra que tiene la x y pida que escriban la sílaba que tiene la letra x.

<u>3er recuadro:</u> Pida a los estudiantes que escriban toda la palabra y que tracen un óvalo.

Cuando toda la página esté completa, léala con sus estudiantes: El primer recuadro la leerá realizando el sonido /x/, dirá la sílaba "tex", la palabra "texto", por último lea la oración. Haga referencia a la diferencia entre letra, sílaba, palabra y oración.

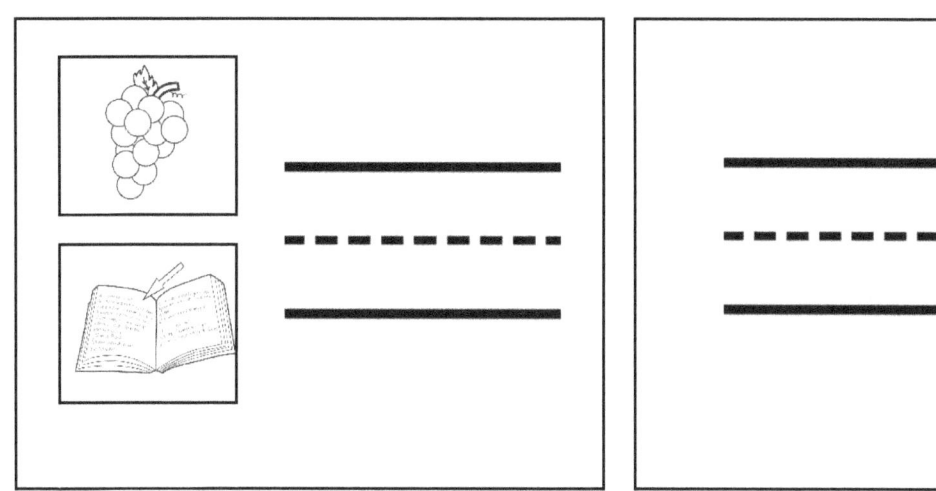

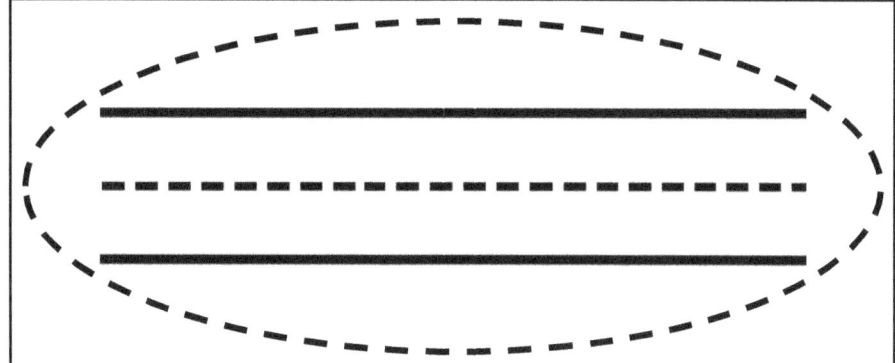

4. Escribe una oración usando el sustantivo:

- 115 -

Nombre:_____

Páginas de práctica

Los sustantivos

1. Usando los sonidos de cada letra de la palabra, escríbela en el renglón. Escribe en el recuadro una P (persona), A (animal), L (lugar) y C (cosa). Colorea el dibujo con sus colores reales.

- 116 -

Nombre:_____

Páginas de práctica

1. Escribe el sustantivo que representa la imagen y hazle un círculo al tipo de sustantivo que pertenece. Cuenta el número de letras en cada palabra y pon el número en el cuadrado al lado, luego búscalas en la sopa de letras.

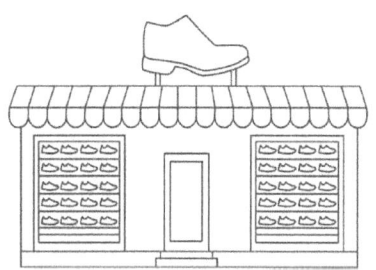    

ZAPATO ☐

ZUMO ☐

AZUL ☐

ZORRO ☐

ZAFIRO ☐

```
T C E R G C Z J E E S
E O N H Z A F I R O F
L Y S D V J B O E J Y
A Z U L F N J I N D P
X M C F T B U G B G A
X M D Z U M O D F R N
N H X Q L U T L B O B
Z O R R O M G X G O K
I U Z A P A T O C H S
B Q A J S U Z A S L P
Q E P P G S S Q M N E
```

2. Escribe una oración con el sustantivo que escribiste en el renglón de arriba:

Nombre:_____

Páginas de práctica

Hazle un óvalo alrededor de cada palabra
¿Cuántas palabras hay? ☐   Lee la oración y colorea.

Nosotros tomamos un taxi y fuimos a la zapatería.

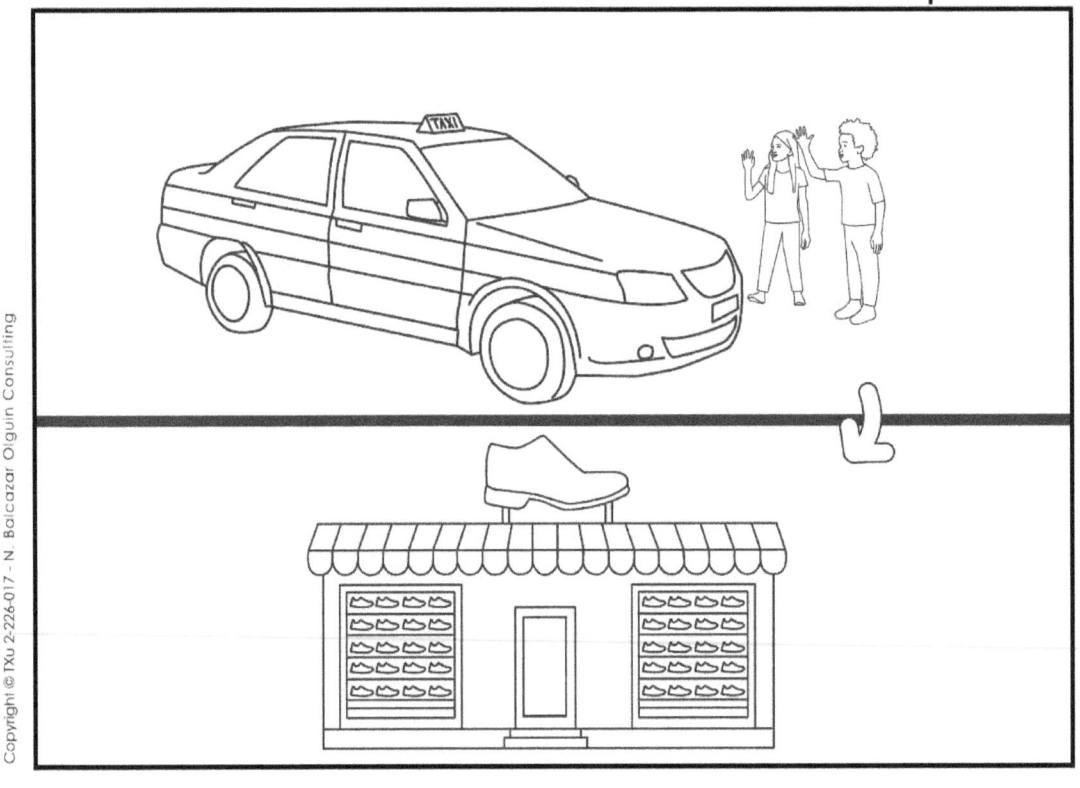

¿Cuántos sustantivos de persona hay? ☐

¿Cuántos sustantivos de animal hay? ☐

¿Cuántos sustantivos de cosa hay? ☐

Escribe el sustantivo de lugar:

_____

- -

_____

Nombre:_____

Diferencia entre letra, palabra, sílaba y oración

<u>1er recuadro:</u> Diga el nombre de cada sustantivo. Pida a los estudiantes que identifiquen cuál de estos dibujos empieza con el sonido /z/ y que le hagan un círculo alrededor. Luego pídales a los estudiantes que escriban la letra minúscula que hace ese sonido.

<u>2do recuadro:</u> Cuenten las sílabas de la palabra que empieza con z y pida que escriban la primera sílaba de esa palabra.

<u>3er recuadro:</u> Pida a los estudiantes que escriban toda la palabra y que tracen un óvalo.

Cuando toda la página esté completa, léala con sus estudiantes: El primer recuadro la leerá realizando el sonido /z/, dirá la sílaba "zo", la palabra "zorro", por último lea la oración. Haga referencia a la diferencia entre letra, sílaba, palabra y oración.

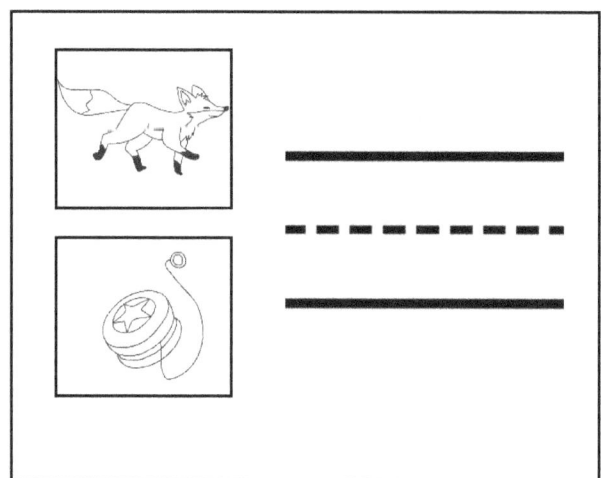

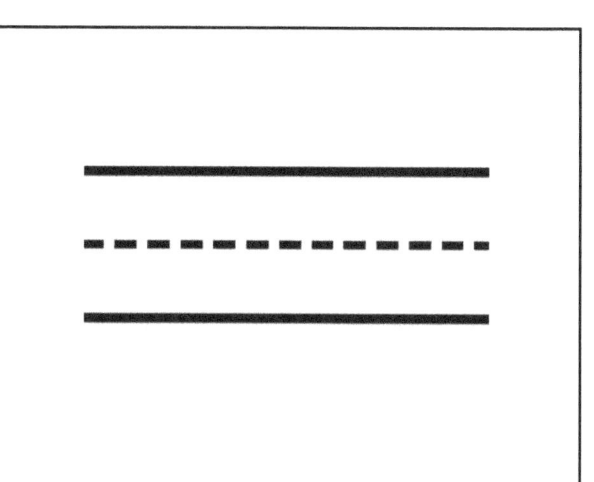

4. Escribe una oración usando el sustantivo:

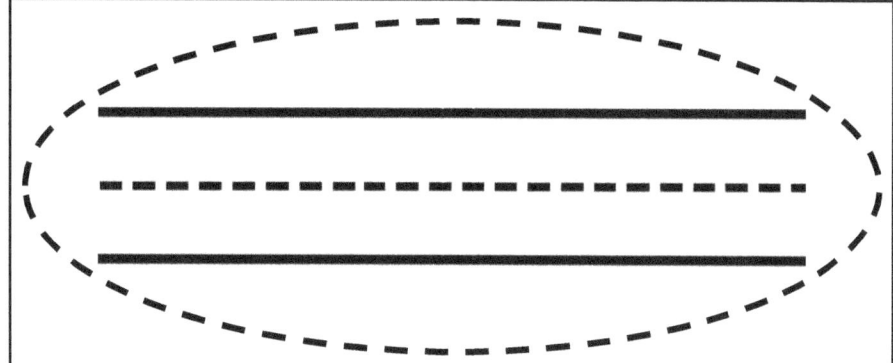

Nombre:_____

Páginas de práctica

Los sustantivos

1. Usando los sonidos de cada letra de la palabra, escríbela en el renglón. Escribe en el recuadro una P (persona), A (animal), L (lugar) y C (cosa). Colorea el dibujo con sus colores reales.

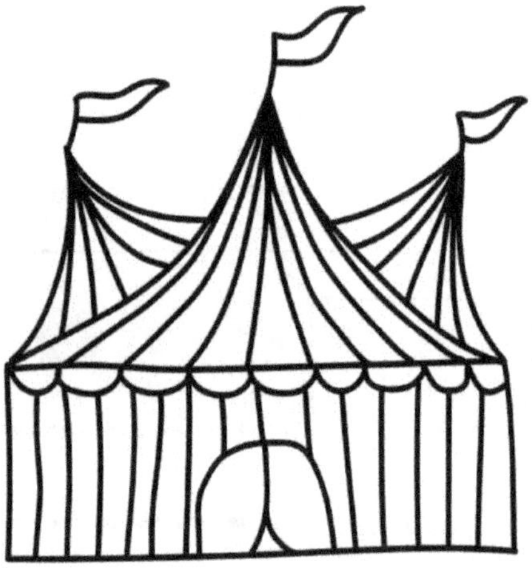

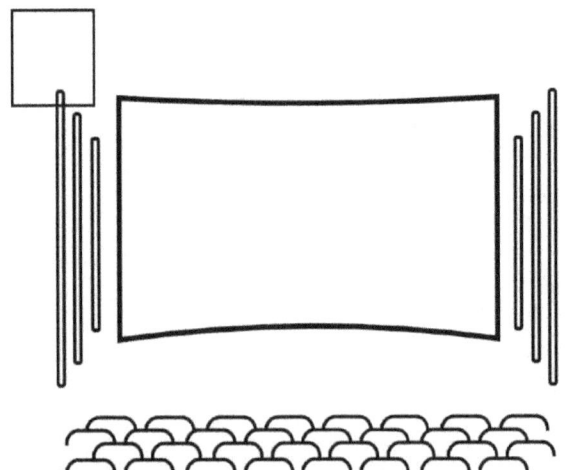

Nombre:_____

Páginas de práctica

1. Escribe el sustantivo que representa la imagen y hazle un círculo al tipo de sustantivo que pertenece. Cuenta el número de letras en cada palabra y pon el número en el cuadrado al lado, luego búscalas en la sopa de letras.

CEREZA

CIELO

CERRO

BICICLETA

PECERA

Z	A	F	R	T	M	Y	G	M	N	I
J	U	P	E	C	E	R	A	K	L	S
C	V	C	I	E	L	O	U	Q	A	E
G	E	W	Q	C	E	R	R	O	Z	I
N	X	U	Q	T	F	S	M	E	T	B
B	M	J	U	Y	C	E	R	E	Z	A
I	Z	T	E	V	Q	S	B	C	D	S
J	L	U	I	F	Y	E	U	R	Z	B
A	Y	B	J	W	U	V	X	J	H	S
H	Q	B	I	C	I	C	L	E	T	A
T	Q	N	R	E	I	V	H	R	R	A

2. Escribe una oración con el sustantivo que escribiste en el renglón de arriba:

- 121 -

Nombre:_____

Páginas de práctica

Hazle un óvalo alrededor de cada palabra
¿Cuántas palabras hay? ☐ Lee la oración y colorea.

Él forma cinco círculos usando cereal.

¿Cuántos sustantivos de persona hay? ☐
¿Cuántos sustantivos de animal hay? ☐
¿Cuántos sustantivos de cosa hay? ☐

Escribe un sustantivo de cosa que ves:

_____

Escribe el sustantivo de lugar:

_____

Nombre:_____

Páginas de práctica

Diferencia entre letra, palabra, sílaba y oración

<u>1er recuadro:</u> Diga el nombre de cada sustantivo. Pida a los estudiantes que identifiquen cuál de estos dibujos empieza con el sonido /c/ suave y que le hagan un círculo alrededor. Luego pídales a los estudiantes que escriban la letra minúscula que hace ese sonido.

<u>2do recuadro:</u> Cuenten las sílabas de la palabra que empieza con c suave y pida que escriban la primera sílaba de esa palabra.

<u>3er recuadro:</u> Pida a los estudiantes que escriban toda la palabra y que tracen un óvalo.

Cuando toda la página esté completa, léala con sus estudiantes: El primer recuadro la leerá realizando el sonido /c/, dirá la sílaba "cin", la palabra "cinco", por último lea la oración. Haga referencia a la diferencia entre letra, sílaba, palabra y oración.

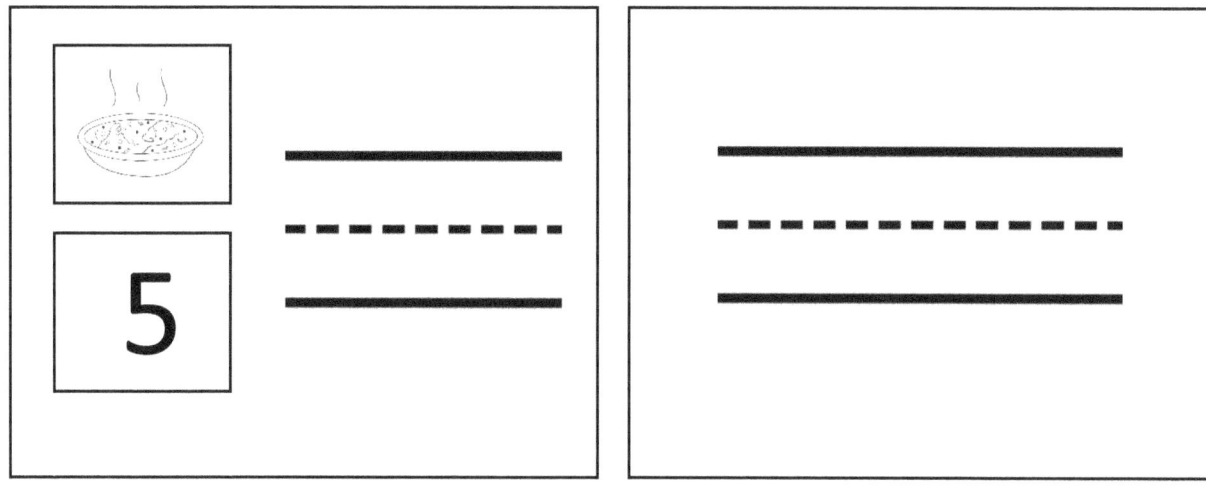

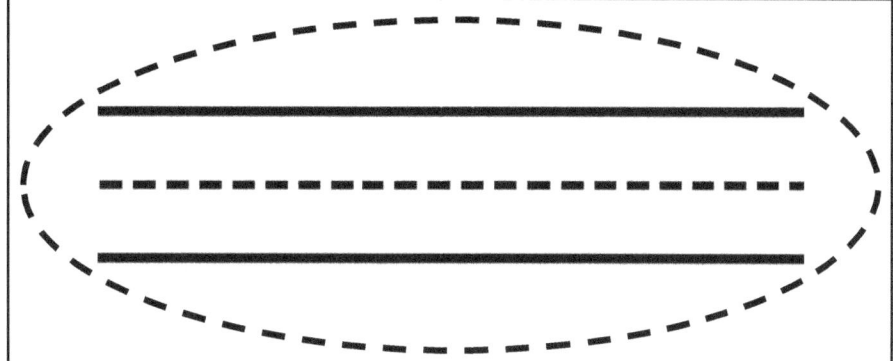

4. Escribe una oración usando el sustantivo:

- 123 -

Nombre:_____

Páginas de práctica

Los sustantivos

1. Usando los sonidos de cada letra de la palabra, escríbela en el renglón. Escribe en el recuadro una P (persona), A (animal), L (lugar) y C (cosa). Colorea el dibujo con sus colores reales.

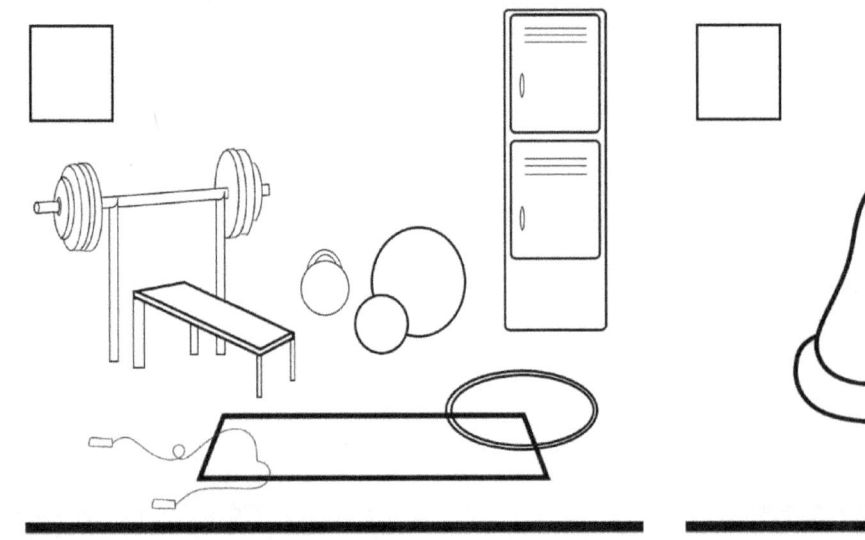

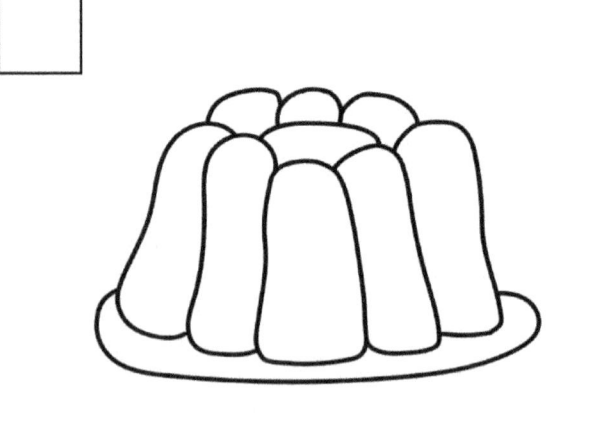

Nombre:_____

Páginas de práctica

1. Escribe el sustantivo que representa la imagen y hazle un círculo al tipo de sustantivo que pertenece. Cuenta el número de letras en cada palabra y pon el número en el cuadrado al lado, luego búscalas en la sopa de letras.

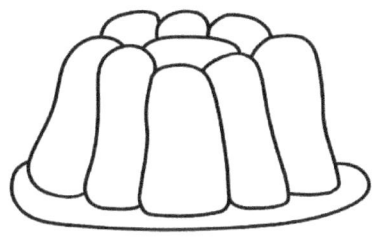

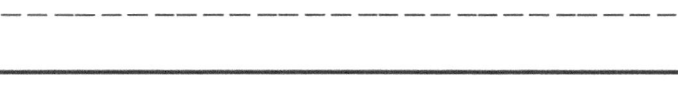

GIMNASIA ☐

GENTIL ☐

MAGIA ☐

GELATINA ☐

GIGANTE ☐

```
D R E T L Q F R Q N S
Q Q L R M F L D V U K
V L E B J V Z B Y N W
H X G E L A T I N A B
O P E G N B Q A R N J
Q T O G I M N A S I A
B G I G A N T E A I Y
Q P F Y Q P W R J Q L
S C R M G E N T I L K
W O J A F X T G O U O
Z T M K A M A G I A F
```

2. Escribe una oración con el sustantivo que escribiste en el renglón de arriba:

_____

- -

_____

Nombre:_____

Páginas de práctica

Hazle un óvalo alrededor de cada palabra
¿Cuántas palabras hay? ☐ Lee la oración y colorea.

Los niños gemelos llevan girasoles.

¿Cuántos sustantivos de persona hay? ☐

¿Cuántos sustantivos de animal hay? ☐

¿Cuántos sustantivos de cosa hay? ☐

Escribe el sustantivo de lugar:

Nombre:_____

Páginas de práctica

Diferencia entre letra, palabra, sílaba y oración

<u>1er recuadro:</u> Diga el nombre de cada sustantivo. Pida a los estudiantes que identifiquen cuál de estos dibujos empieza con el sonido /g/ suave y que le hagan un círculo alrededor. Luego pídales a los estudiantes que escriban la letra minúscula que hace ese sonido.

<u>2do recuadro:</u> Cuenten las sílabas de la palabra que empieza con la g suave y pida que escriban la primera sílaba de esa palabra.

<u>3er recuadro:</u> Pida a los estudiantes que escriban toda la palabra y que tracen un óvalo.

Cuando toda la página esté completa, léala con sus estudiantes: El primer recuadro la leerá realizando el sonido /g/, dirá la sílaba "ge", la palabra "gemelos", por último lea la oración. Haga referencia a la diferencia entre letra, sílaba, palabra y oración.

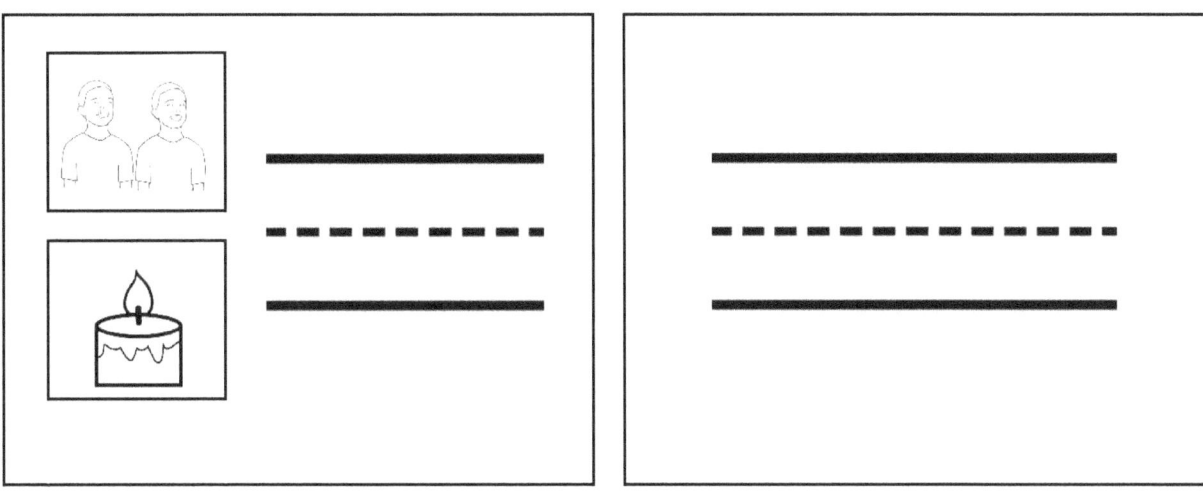

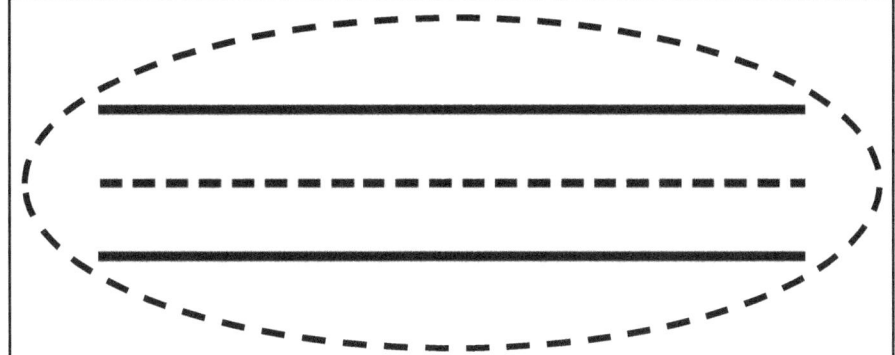

4. Escribe una oración usando el sustantivo:

Los sustantivos

1. Usando los sonidos de cada letra de la palabra, escríbela en el renglón. Escribe en el recuadro una P (persona), A (animal), L (lugar) y C (cosa). Colorea el dibujo con sus colores reales.

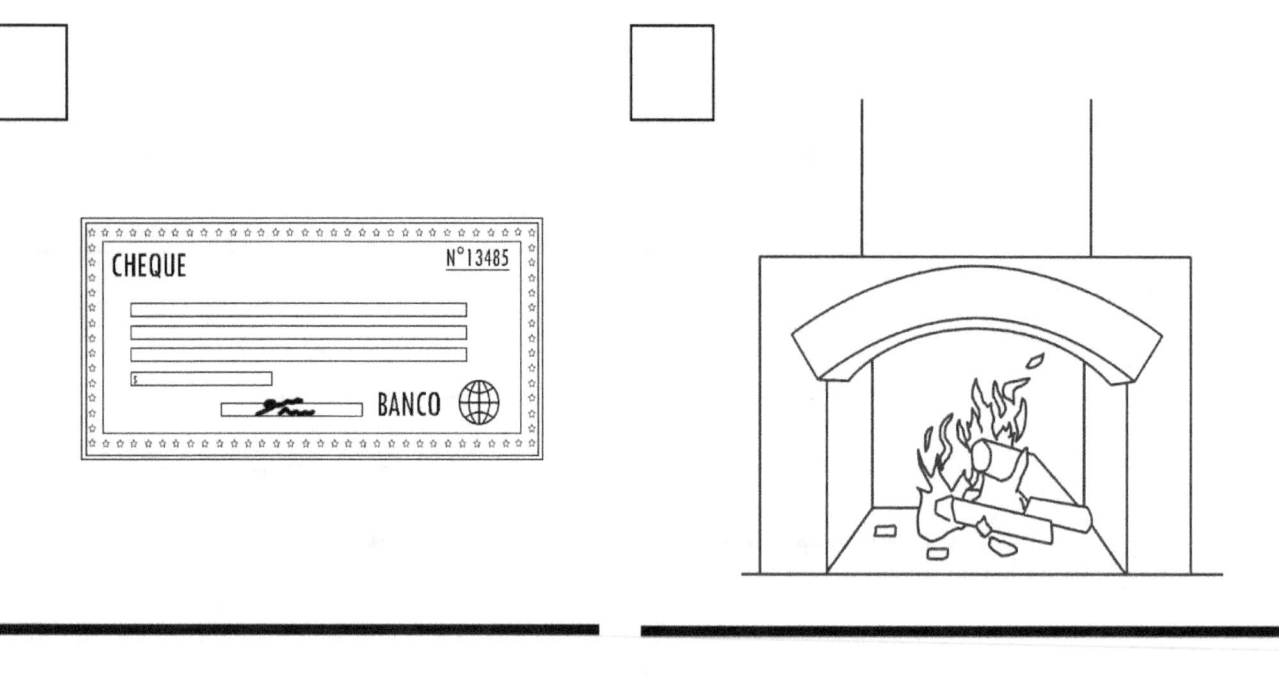

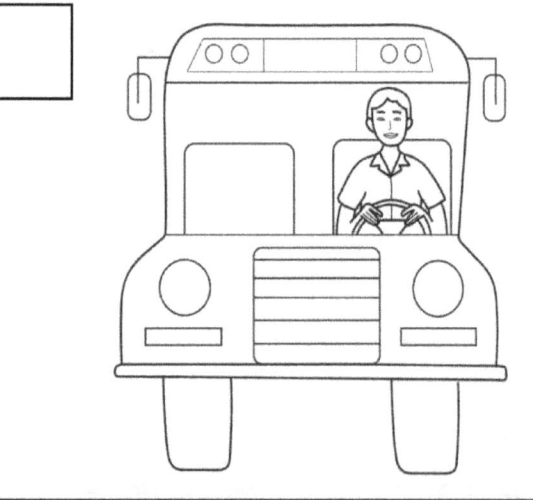

Nombre:_____

Páginas de práctica

1. Escribe el sustantivo que representa la imagen y hazle un círculo al tipo de sustantivo que pertenece. Cuenta el número de letras en cada palabra y pon el número en el cuadrado al lado, luego búscalas en la sopa de letras.

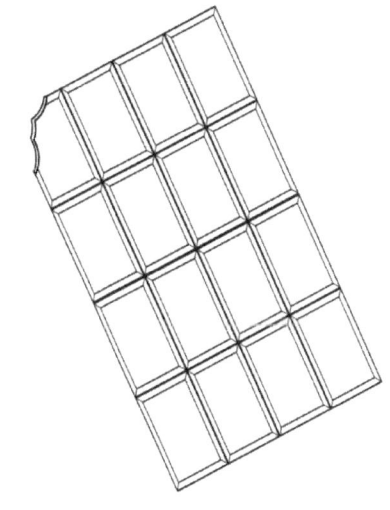    

CHEQUE ☐

CHUPÓN ☐

CHOZA ☐

CHARCO ☐

CHOCOLATE ☐

```
E Z C H E Q U E J W T
I D O K M K B K L E L
C H A R C O U Y L T P
T Q P H Z D C H O Z A
L E C K I T B O F H I
X C H U P Ó N S D U M
F T C E Y G H B U Q W
C H O C O L A T E S I
K Q O H U V Z W U Y D
I Q J T Z S X O P N Y
L T S K V D Q N U H O
```

2. Escribe una oración con el sustantivo que escribiste en el renglón de arriba:

Nombre:_____

Páginas de práctica

Hazle un óvalo alrededor de cada palabra
¿Cuántas palabras hay? ☐   Lee la oración y colorea.

El chaleco de tu hermano está al lado de la chimenea.

¿Cuántos sustantivos de persona hay? ☐
¿Cuántos sustantivos de animal hay? ☐
¿Cuántos sustantivos de cosa hay? ☐

Escribe dos sustantivos de cosa que ves:

Escribe el sustantivo de lugar:

Nombre:_____

Diferencia entre letra, palabra, sílaba y oración

<u>1er recuadro:</u> Diga el nombre de cada sustantivo. Pida a los estudiantes que identifiquen cuál de estos dibujos empieza con el sonido /ch/ y que le hagan un círculo alrededor. Luego pídales a los estudiantes que escriban la letra minúscula que hace ese sonido.

<u>2do recuadro:</u> Cuenten las sílabas de la palabra que empieza con ch y pida que escriban la primera sílaba de esa palabra.

<u>3er recuadro:</u> Pida a los estudiantes que escriban toda la palabra y que tracen un óvalo.

Cuando toda la página esté completa, léala con sus estudiantes: El primer recuadro la leerá realizando el sonido /ch/, dirá la sílaba "cho", la palabra "chofer", por último lea la oración. Haga referencia a la diferencia entre letra, sílaba, palabra y oración.

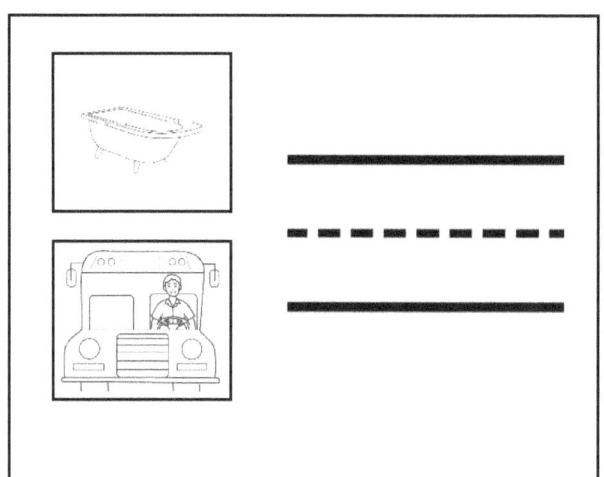
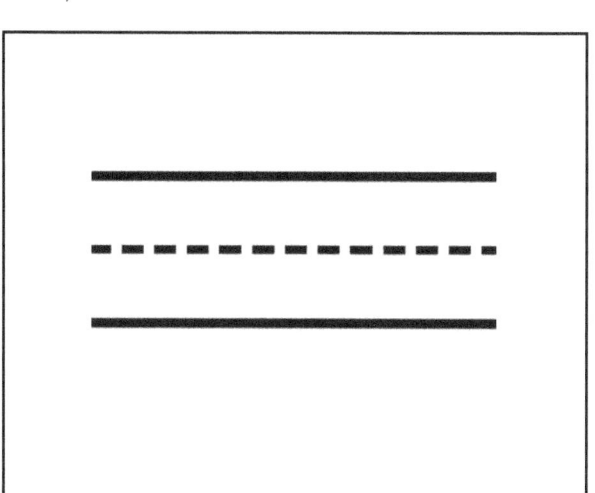
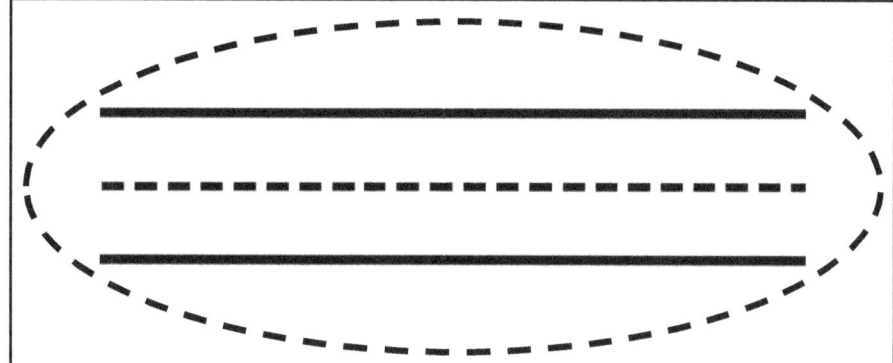

4. Escribe una oración usando el sustantivo:

Nombre:_____

Páginas de práctica

Los sustantivos

1. Usando los sonidos de cada letra de la palabra, escríbela en el renglón. Escribe en el recuadro una P (persona), A (animal), L (lugar) y C (cosa). Colorea el dibujo con sus colores reales.

- 132 -

Nombre:_____

Páginas de práctica

1. Escribe el sustantivo que representa la imagen y hazle un círculo al tipo de sustantivo que pertenece. Cuenta el número de letras en cada palabra y pon el número en el cuadrado al lado, luego búscalas en la sopa de letras.

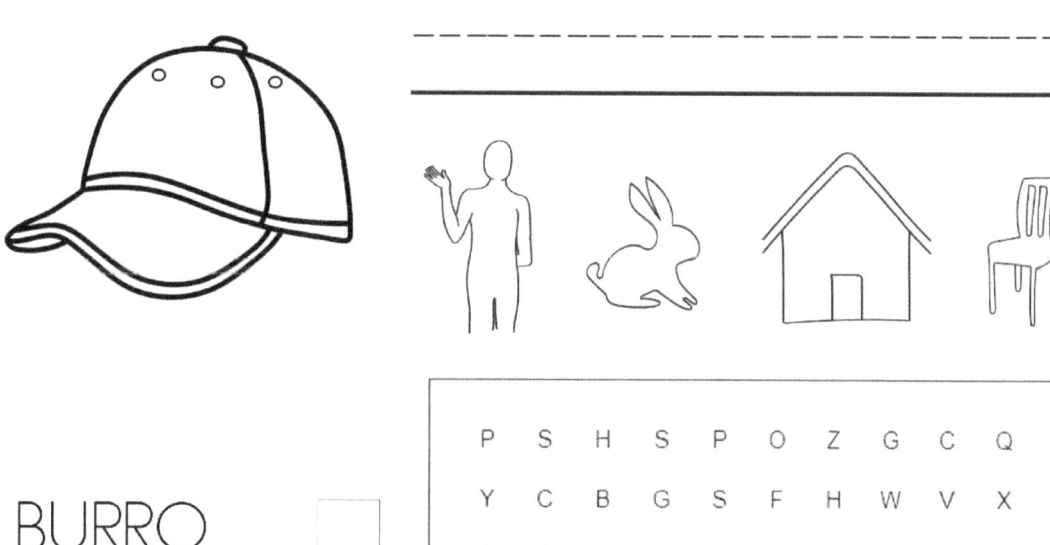

BURRO ☐

MARRÓN ☐

TORRE ☐

ARRUGAS ☐

TIERRA ☐

2. Escribe una oración con el sustantivo que escribiste en el renglón de arriba:

- 133 -

Nombre:_____

Páginas de práctica

Hazle un óvalo alrededor de cada palabra
¿Cuántas palabras hay? ☐   Lee la oración y colorea.

El perrito de mi tío tiene barro en las patas.

¿Cuántos sustantivos de persona hay? ☐

¿Cuántos sustantivos de animal hay? ☐

Escribe el sustantivo de animal que ves:

¿Cuántos sustantivos de cosa hay? ☐

Escribe el sustantivo de lugar:

Nombre:_____

Páginas de práctica

Diferencia entre letra, palabra, sílaba y oración

<u>1er recuadro:</u> Diga el nombre de cada sustantivo. Pida a los estudiantes que identifiquen cuál de estos dibujos tiene el sonido /rr/ y que le hagan un círculo alrededor. Luego pídales a los estudiantes que escriban la letra minúscula que hace ese sonido.

<u>2do recuadro:</u> Cuenten las sílabas de la palabra que tiene la rr y pida que escriban la sílaba que tiene la letra x.

<u>3er recuadro:</u> Pida a los estudiantes que escriban toda la palabra y que tracen un óvalo.

Cuando toda la página esté completa, léala con sus estudiantes: El primer recuadro la leerá realizando el sonido /rr/, dirá la sílaba "rru", la palabra "arrugas", por último lea la oración. Haga referencia a la diferencia entre letra, sílaba, palabra y oración.

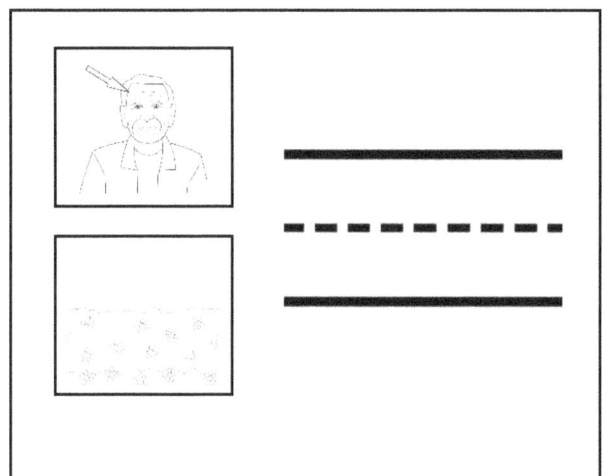
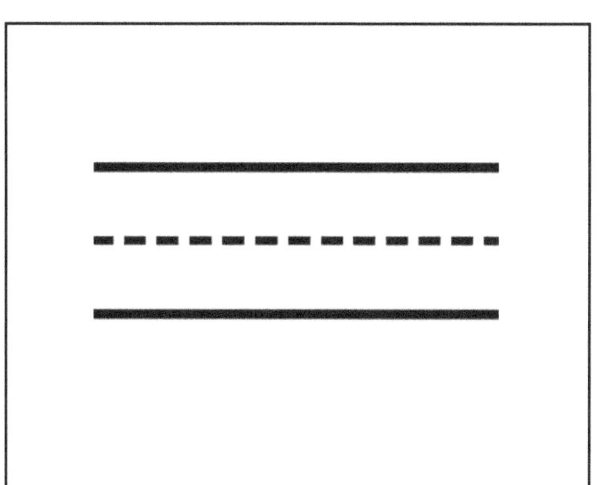
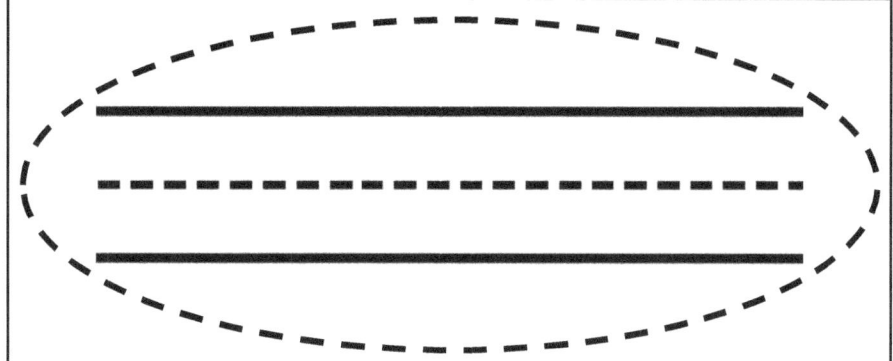

4. Escribe una oración usando el sustantivo:

Nombre:_____

Páginas de práctica

Los sustantivos

1. Usando los sonidos de cada letra de la palabra, escríbela en el renglón. Escribe en el recuadro una P (persona), A (animal), L (lugar) y C (cosa). Colorea el dibujo con sus colores reales.

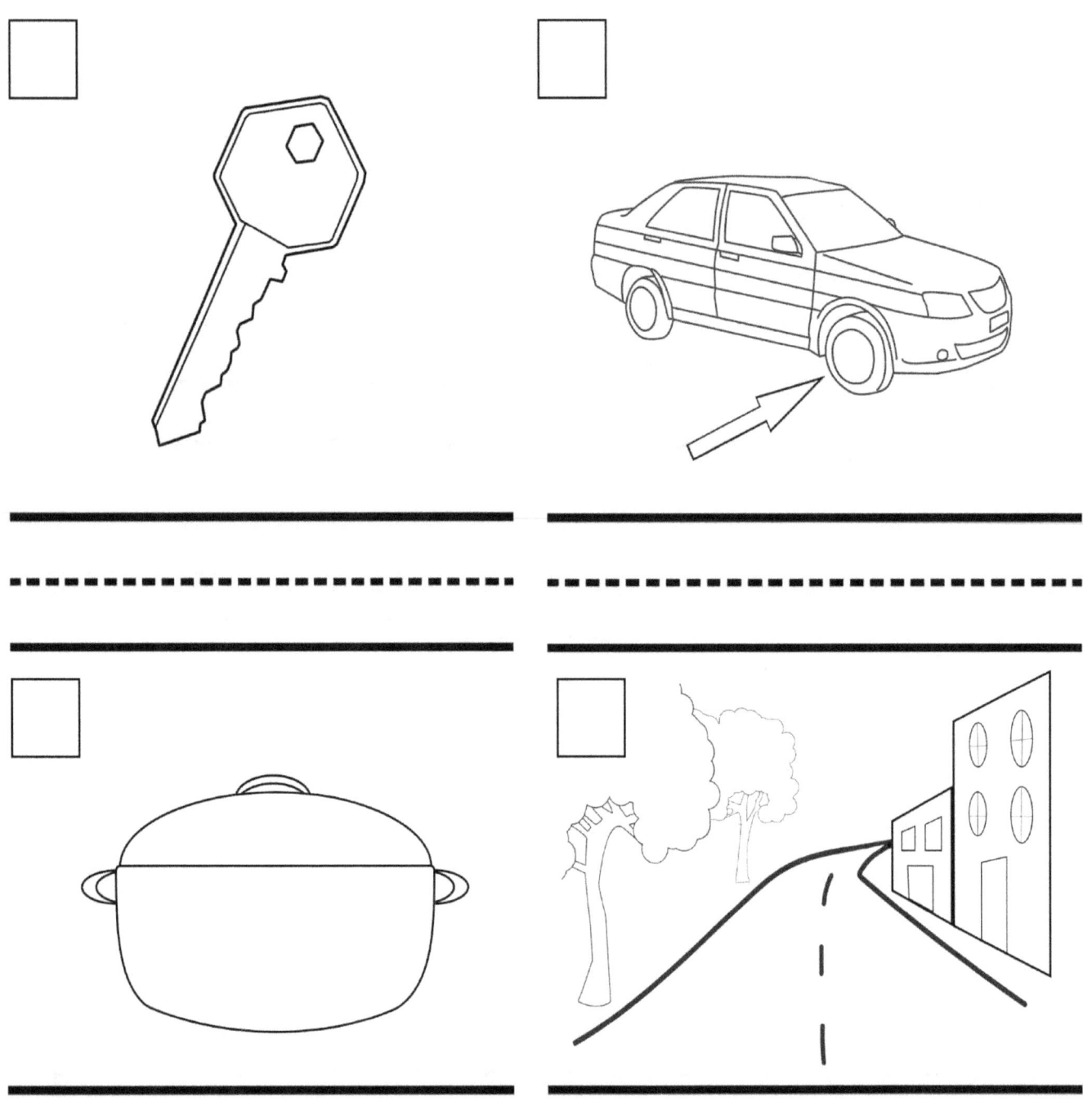

Nombre:_____

Páginas de práctica

1. Escribe el sustantivo que representa la imagen y hazle un círculo al tipo de sustantivo que pertenece. Cuenta el número de letras en cada palabra y pon el número en el cuadrado al lado, luego búscalas en la sopa de letras.

AMARILLO ☐
CALLE ☐
LLAVE ☐
LLUVIA ☐
LLANTAS ☐

G	V	Y	Z	Q	L	L	U	V	I	A
C	Q	I	F	I	L	G	L	G	D	D
P	P	F	A	M	A	R	I	L	O	P
W	S	E	N	L	L	A	V	E	K	L
E	Y	F	R	P	H	F	I	S	P	F
G	Y	T	C	A	L	L	E	Y	Q	M
Q	T	C	O	Y	N	K	P	D	E	O
D	W	N	B	S	C	U	J	M	P	F
V	Q	C	Y	I	F	G	F	K	D	A
Q	V	B	L	L	A	N	T	A	S	Q
D	X	G	V	N	E	W	K	T	U	A

2. Escribe una oración con el sustantivo que escribiste en el renglón de arriba:

- 137 -

Nombre:_____

Páginas de práctica

Hazle un óvalo alrededor de cada palabra
¿Cuántas palabras hay? ☐   Lee la oración y colorea.

La lluvia cae sobre la sombrilla amarilla de mi hermana.

¿Cuántos sustantivos de persona hay? ☐

¿Cuántos sustantivos de animal hay? ☐

¿Cuántos sustantivos de cosa hay? ☐

Escribe un sustantivo de cosa que ves:
_____

Escribe el sustantivo de lugar:
_____

Nombre:_____

Páginas de práctica

Diferencia entre letra, palabra, sílaba y oración

<u>1er recuadro</u>: Diga el nombre de cada sustantivo. Pida a los estudiantes que identifiquen cuál de estos dibujos empieza con el sonido /ll/ y que le hagan un círculo alrededor. Luego pídales a los estudiantes que escriban la letra minúscula que hace ese sonido.

<u>2do recuadro</u>: Cuenten las sílabas de la palabra que empieza con ch y pida que escriban la primera sílaba de esa palabra.

<u>3er recuadro</u>: Pida a los estudiantes que escriban toda la palabra y que tracen un óvalo.

Cuando toda la página esté completa, léala con sus estudiantes: El primer recuadro la leerá realizando el sonido /ll/, dirá la sílaba "lla", la palabra "llave", por último lea la oración. Haga referencia a la diferencia entre letra, sílaba, palabra y oración.

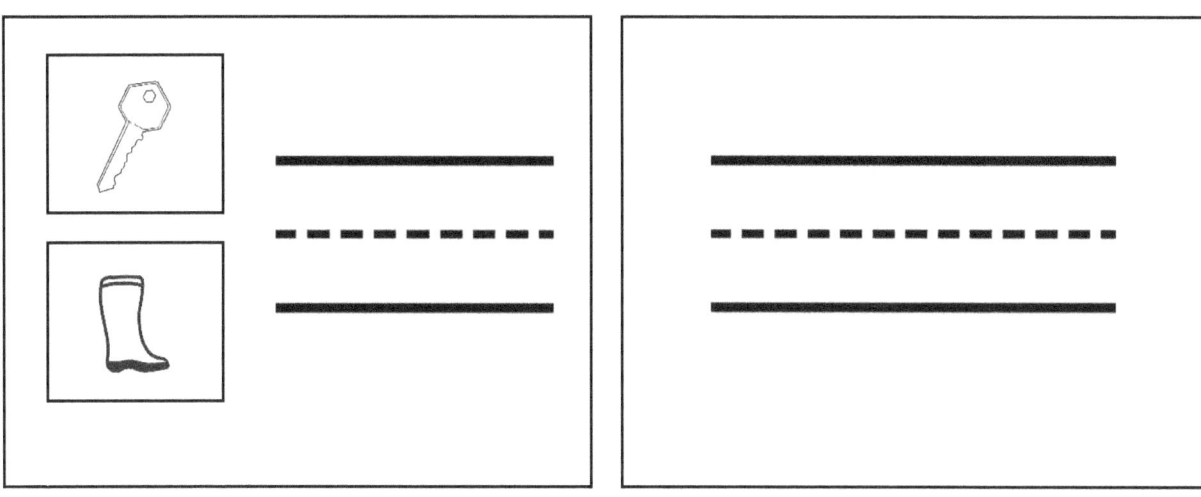

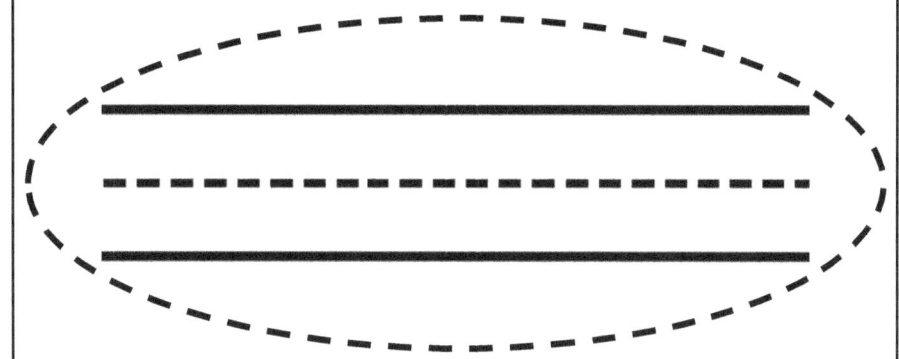

4. Escribe una oración usando el sustantivo:

- 139 -

Nombre:_____

Páginas de práctica

Los sustantivos

1. Corta y pega los dibujos de los sustantivos de acuerdo a su tipo.

Persona	Lugar	Animal	Cosa

- 141 -

Nombre:_____

Páginas de práctica

Los sustantivos

1. Corta y pega los dibujos de los sustantivos de acuerdo a su tipo.

Persona	Lugar	Animal	Cosa

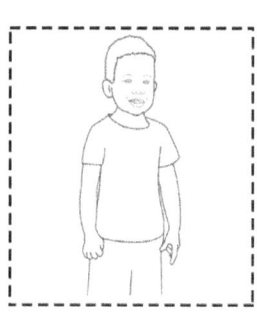

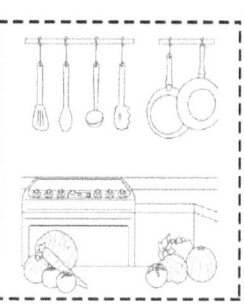

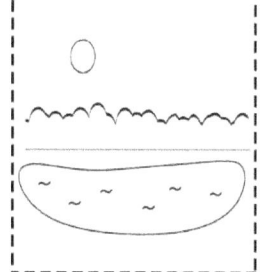

Nombre:_____

Páginas de práctica

Los sustantivos

1. Corta y pega los dibujos de los sustantivos de acuerdo a su tipo.

| Persona | Lugar | Animal | Cosa |

Nombre:_____

Páginas de práctica

Los sustantivos

1. Corta y pega los dibujos de los sustantivos de acuerdo a su tipo.

Persona	Lugar	Animal	Cosa

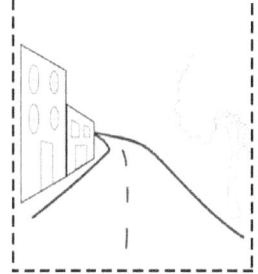   

   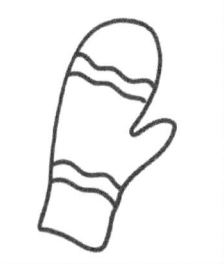

Nombre:_____

Páginas de práctica

Los sustantivos

1. Corta y pega los dibujos de los sustantivos de acuerdo a su tipo.

Persona	Lugar	Animal	Cosa

- 149 -

El género del sustantivo

Nombre:_____

Páginas de práctica

El género del sustantivo

1. Completa la palabra debajo de la imagen del niño y de la niña. Luego corta cada imagen y pégala debajo del género correspondiente.

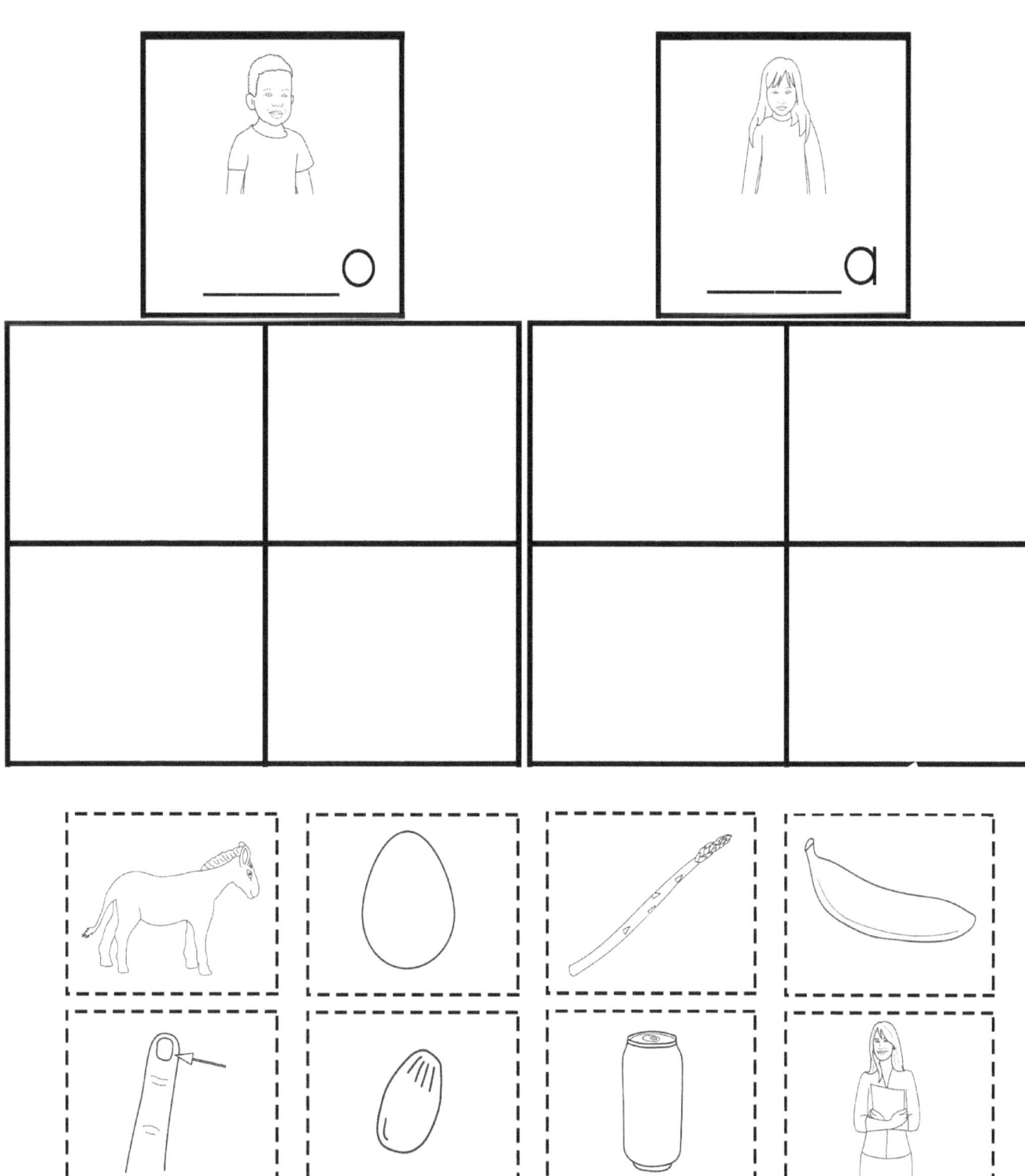

Nombre:_____

Páginas de práctica

El género del sustantivo

1. Completa la palabra debajo de la imagen del niño y de la niña. Luego corta cada imagen y pégala debajo del género correspondiente.

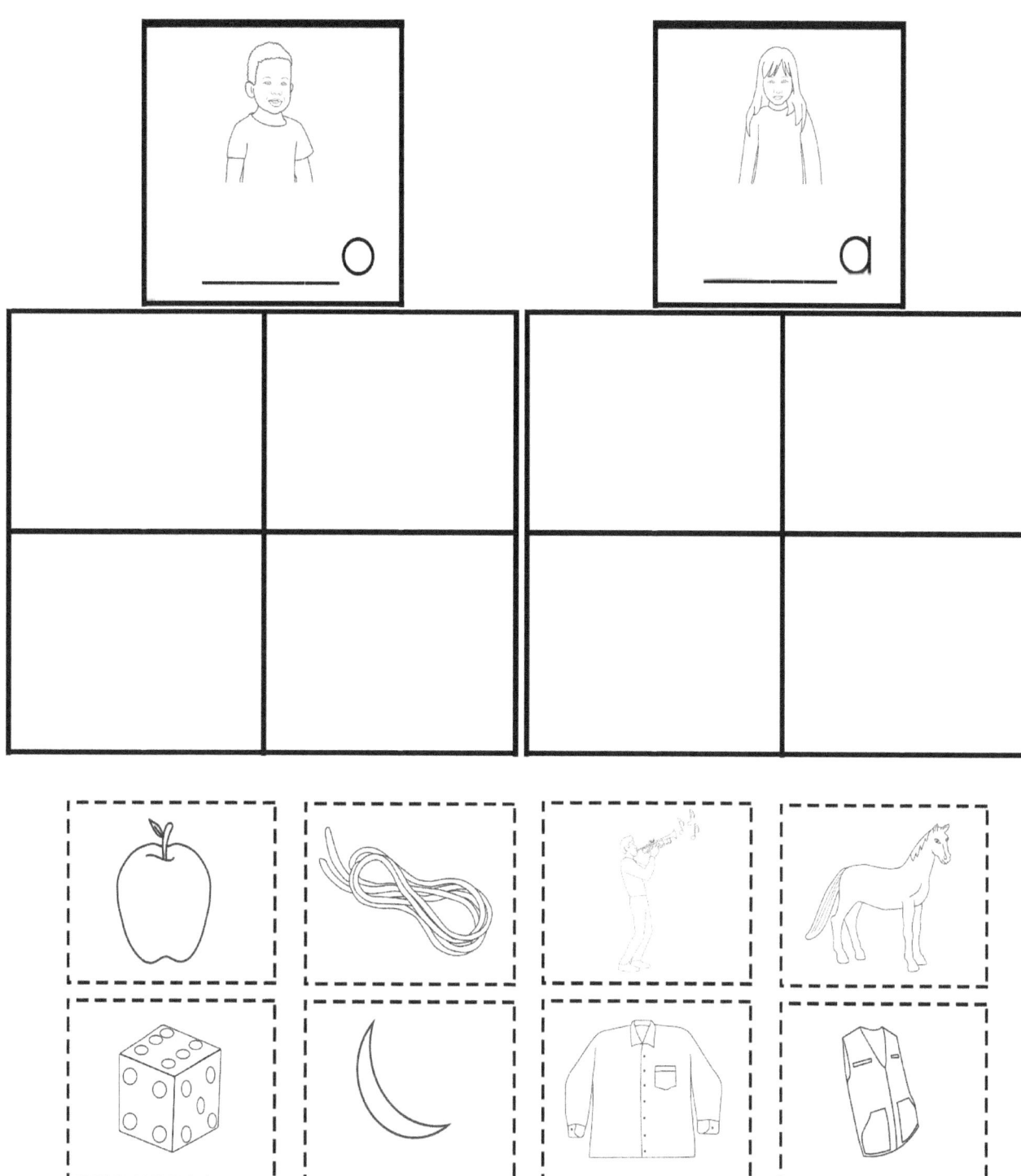

Nombre:_____

Páginas de práctica

El género del sustantivo

1. Completa la palabra debajo de la imagen del niño y de la niña. Luego corta cada imagen y pégala debajo del género correspondiente.

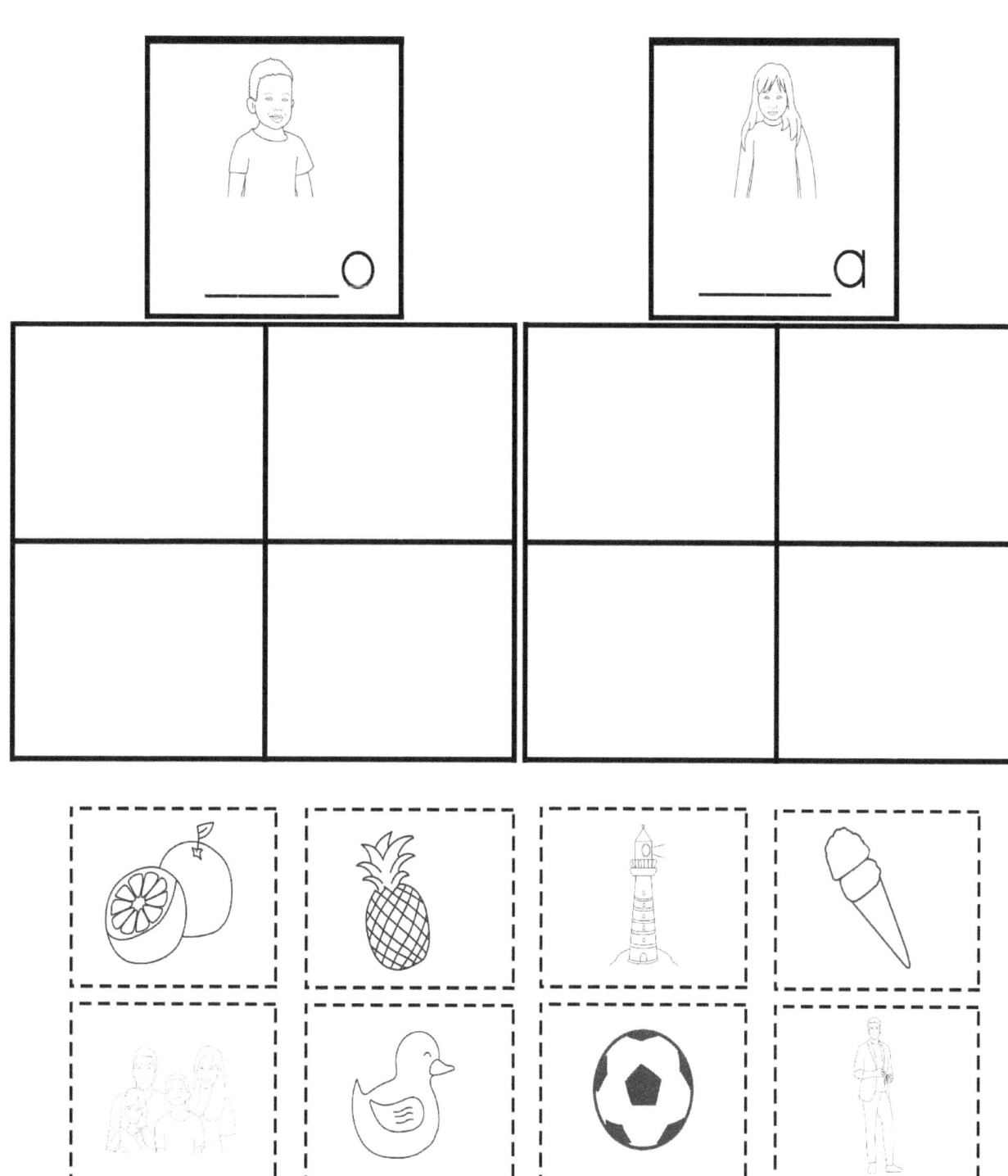

Nombre:_____

Páginas de práctica

El género del sustantivo

1. Completa la palabra debajo de la imagen del niño y de la niña. Luego corta cada imagen y pégala debajo del género correspondiente.

Nombre: _____

Páginas de práctica

El género del sustantivo

1. Ve cada imagen, lee y completa las palabras con las vocales al final de la palabra.

mon___	sign___	taz___
nutri___	fot___	poll___
lun___	cun___	hil___
búh___	bañer___	gat___

El número del sustantivo: singular y plural

Nombre:_____

Páginas de práctica

El número del sustantivo: singular y plural
1. Ve cada imagen, lee y completa las palabras.

Singular

bot_

flo_

Plural

bot__

flo___

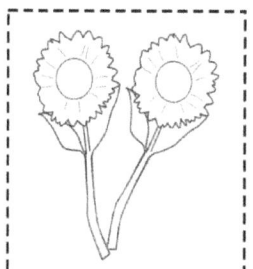

Nombre:_____

Páginas de práctica

El número del sustantivo: singular y plural
1. Ve cada imagen, lee y completa las palabras.

Singular

pat_

jabó_

Plural

pat__

jabo__

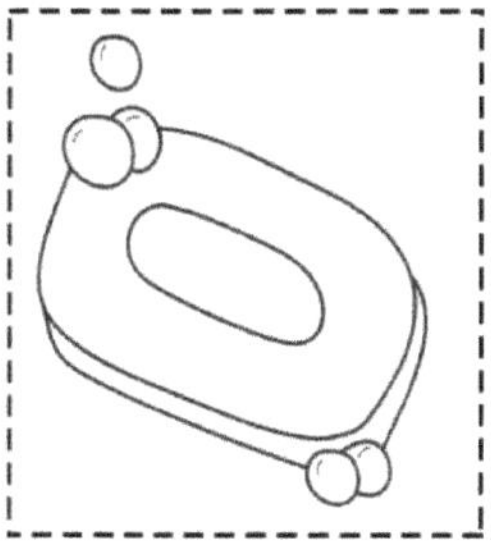

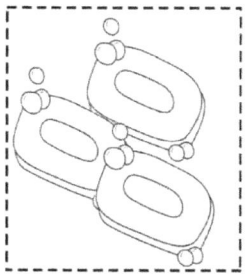

Nombre:_____

Páginas de práctica

El número del sustantivo: singular y plural
1. Ve cada imagen, lee y completa las palabras.

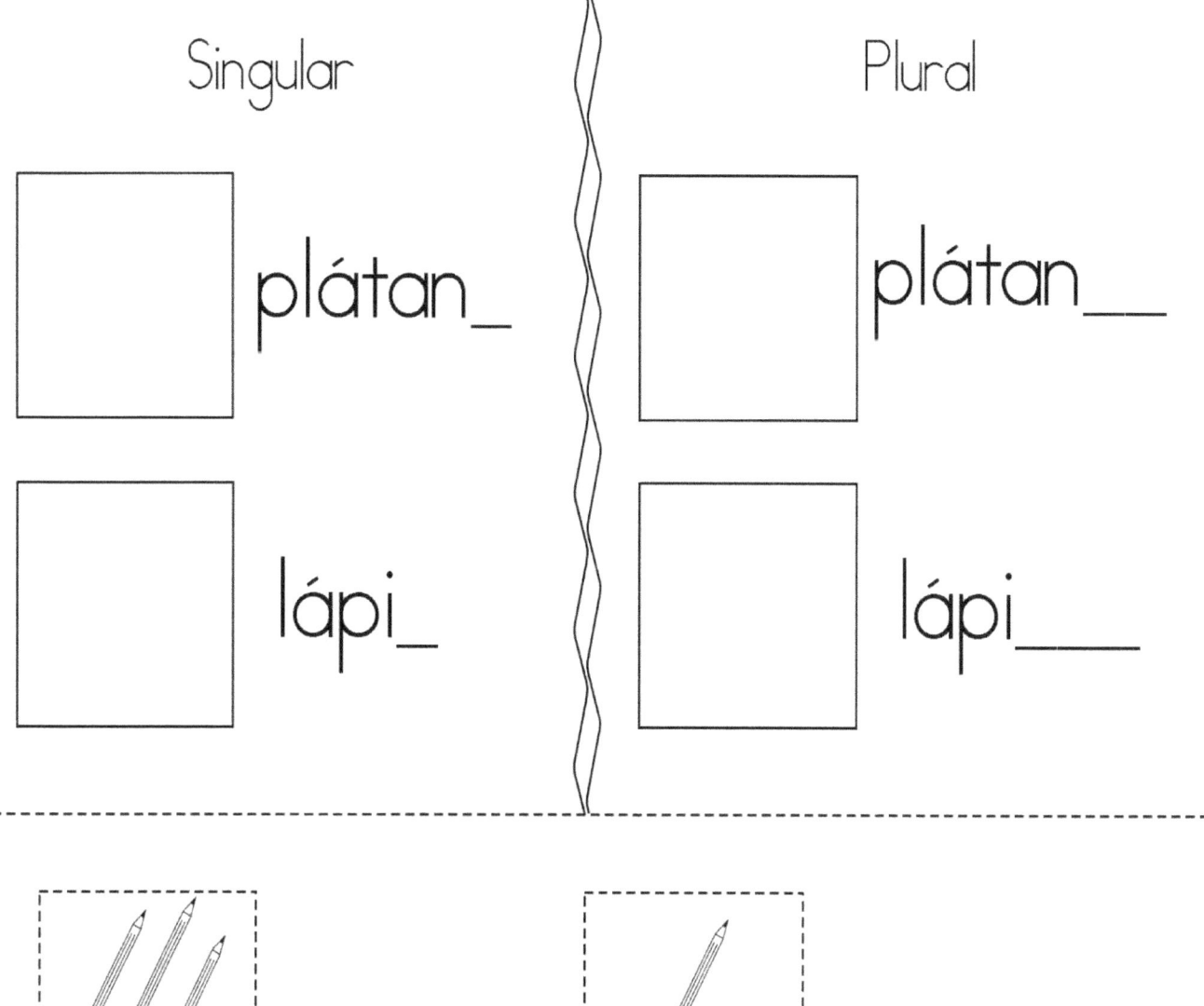

Los artículos determinados en singular (el, la)

Nombre:_____

 Páginas de práctica

Los artículos determinados en singular (el, la)

1. Escribe el artículo y la palabra correspondiente al dibujo. Colorea la última letra vocal del sustantivo con color rojo.

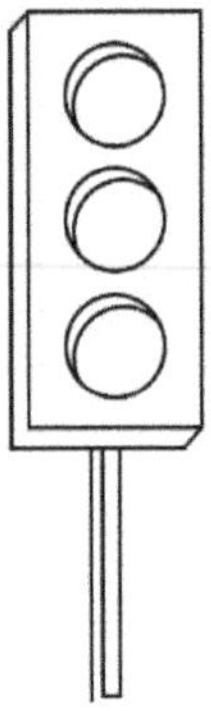

- 170 -

Nombre:_____

Páginas de práctica

Los artículos determinados en singular (el, la)

1. Escribe el artículo y la palabra correspondiente al dibujo. Colorea la última letra vocal del sustantivo con color rojo.

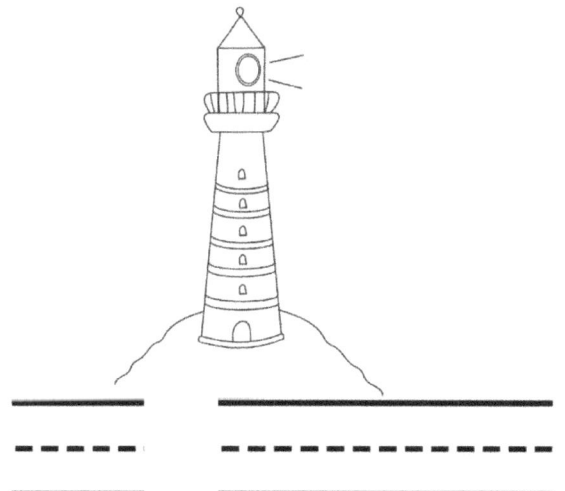

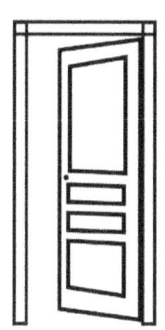

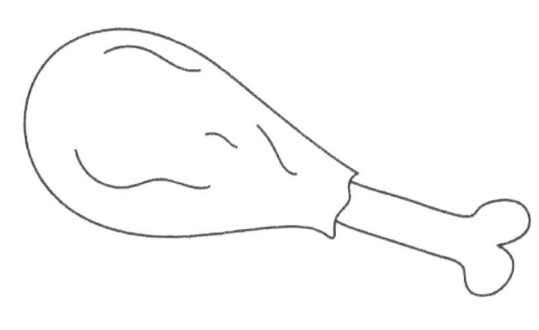

Nombre:_____

 Páginas de práctica

Los artículos determinados en singular (el, la)

1. Escribe el artículo y la palabra correspondiente al dibujo. Colorea la última letra vocal del sustantivo con color rojo.

_ _ _ _ _   _ _ _ _ _ _ _ _ _ _   _ _ _ _ _   _ _ _ _ _ _ _ _ _ _

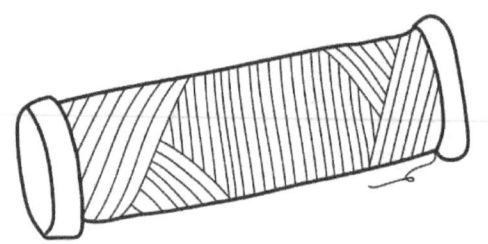

_ _ _ _ _   _ _ _ _ _ _ _ _ _ _   _ _ _ _ _   _ _ _ _ _ _ _ _ _ _

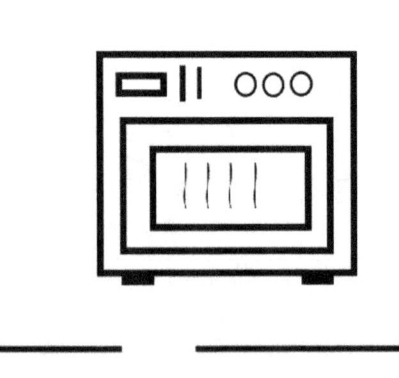

_ _ _ _ _   _ _ _ _ _ _ _ _ _ _   _ _ _ _ _   _ _ _ _ _ _ _ _ _ _

Nombre:_____

Páginas de práctica

Los artículos determinados en singular (el, la)

1. Escribe el artículo y la palabra correspondiente al dibujo. Colorea la última letra vocal del sustantivo con color rojo.

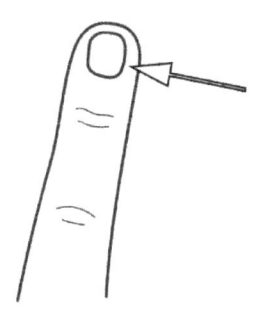   

_____ _____   _____ _____

   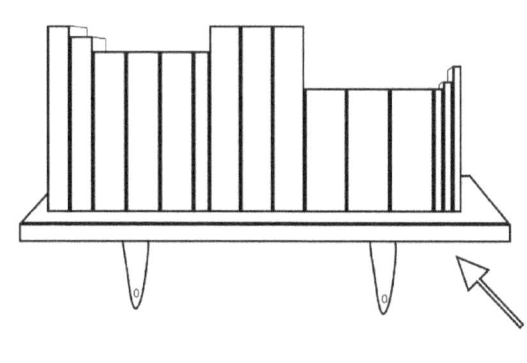

_____ _____   _____ _____

_____ _____   _____ _____

Nombre:_____

Los artículos determinados en singular (el, la)

1. Escribe el artículo y la palabra correspondiente al dibujo. Colorea la última letra vocal del sustantivo con color rojo.

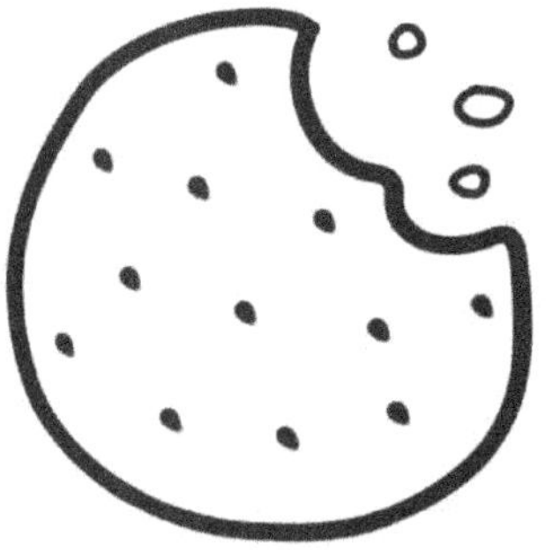

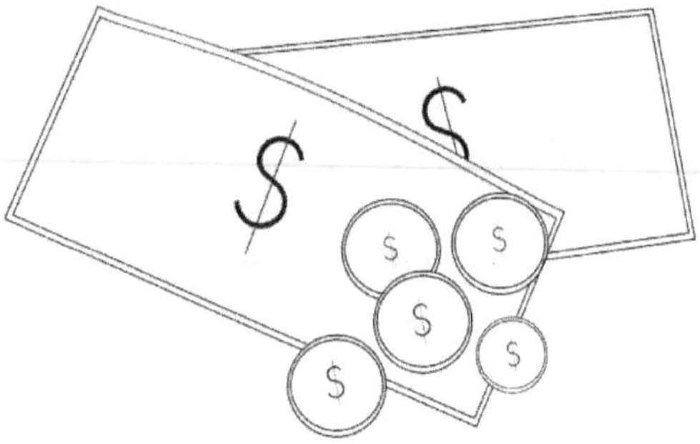

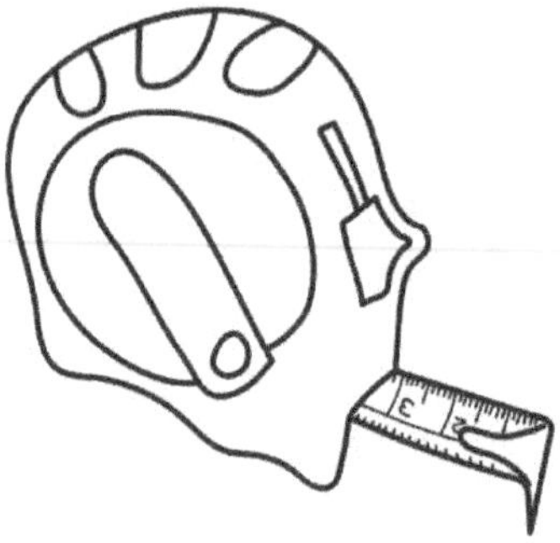

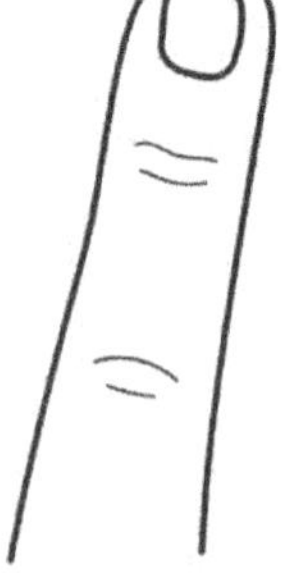

Los artículos determinados en singular (el, la)

1. Escribe el artículo y la palabra correspondiente al dibujo. Colorea la última letra vocal del sustantivo con color rojo.

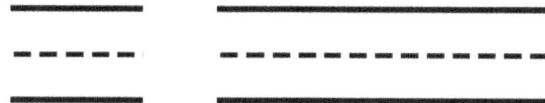

___ ___   ___ ___

___ ___   ___ ___

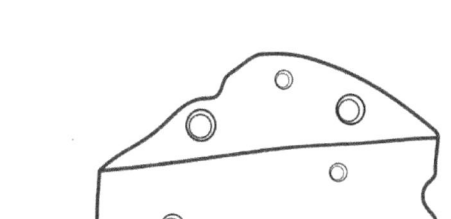 

___ ___   ___ ___

- 175 -

Nombre:_____

Los artículos determinados en singular (el, la)

1. Escribe el artículo y la palabra correspondiente al dibujo. Colorea la última letra vocal del sustantivo con color rojo.

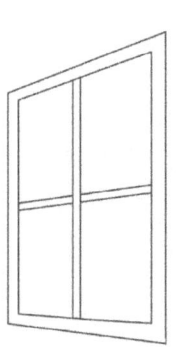

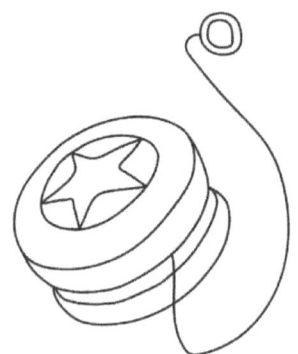

_____ _____

_____ _____

_____ _____

_____ _____

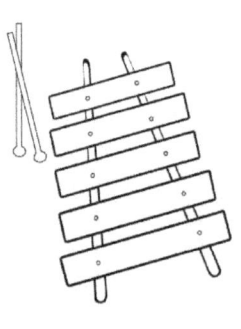

_____ _____

_____ _____

Nombre:_______________________________________

Páginas de práctica

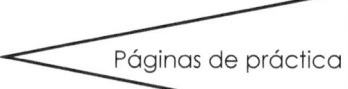

Los artículos determinados en singular (el, la)

1. Escribe el artículo y la palabra correspondiente al dibujo. Colorea la última letra vocal del sustantivo con color rojo.

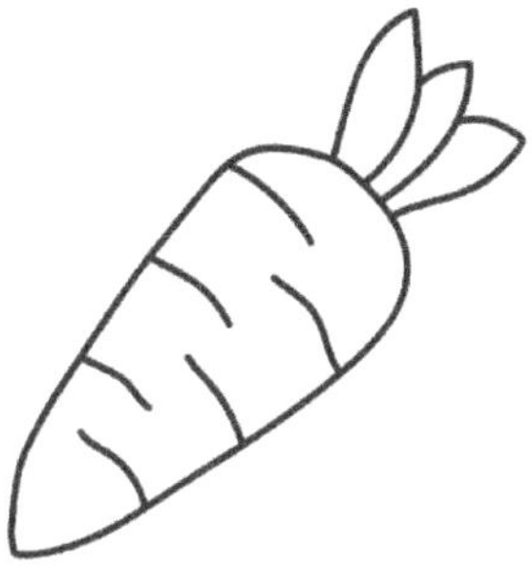

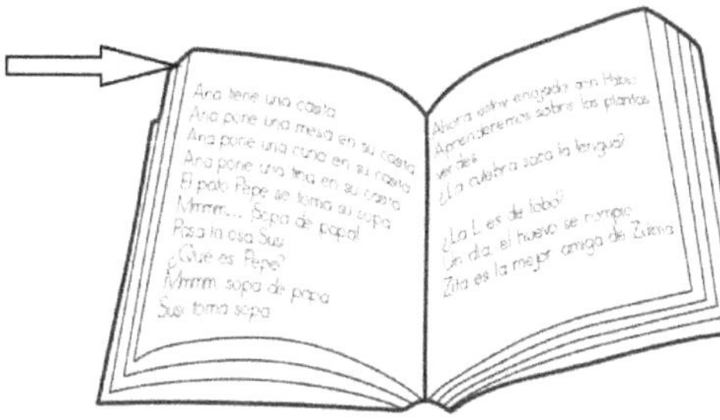

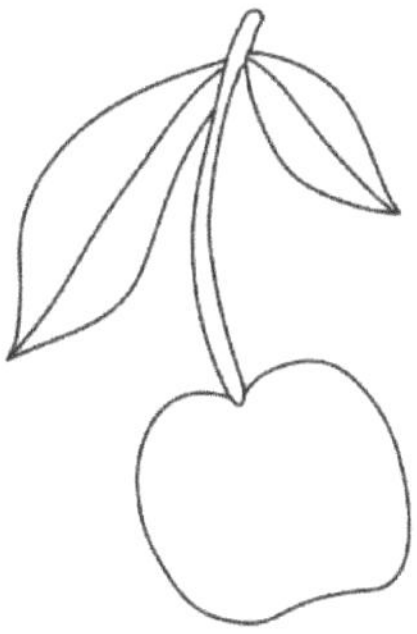

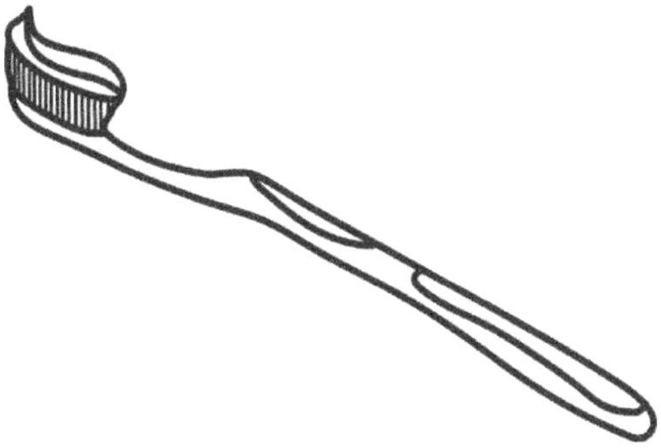

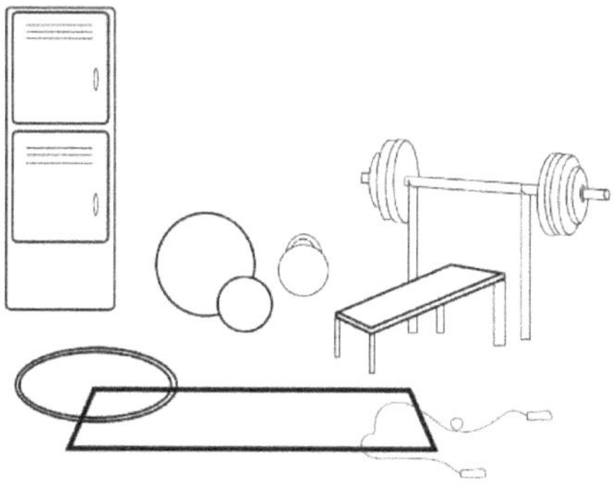

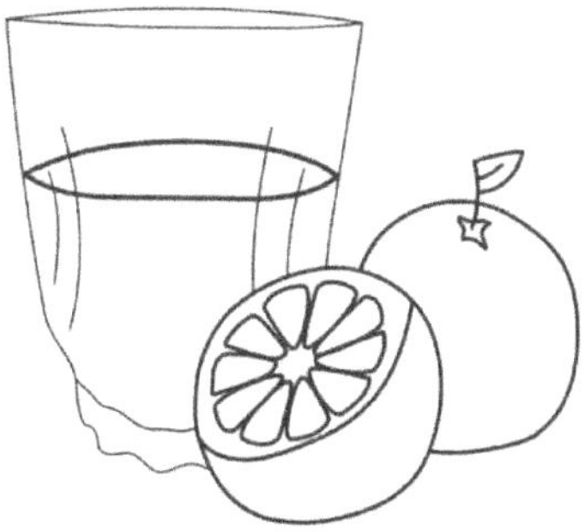

Los artículos determinados en singular (el, la)

1. Escribe el artículo y la palabra correspondiente al dibujo. Colorea la última letra vocal del sustantivo con color rojo.

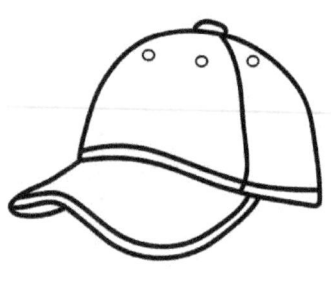

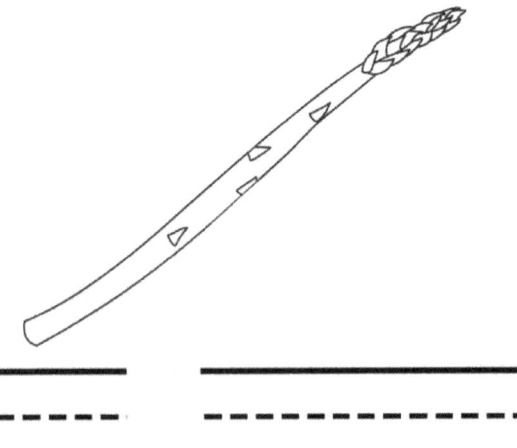
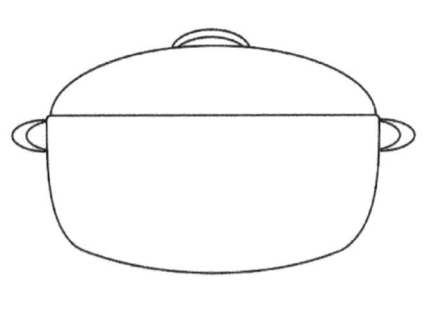

Nombre:_____

Páginas de práctica

Los artículos determinados en singular (el, la)

1. Escribe el artículo y la palabra correspondiente al dibujo. Colorea la última letra vocal del sustantivo con color rojo.

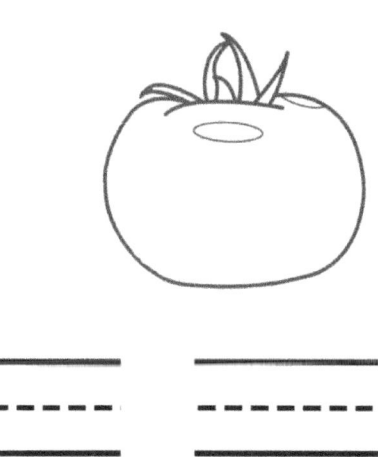

___ _____   ___ _____

___ _____   ___ _____

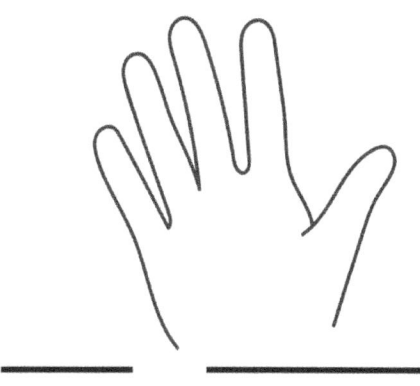

___ _____   ___ _____

- 179 -

Nombre:_____

Los artículos determinados en singular (el, la)

1. Escribe el artículo y la palabra correspondiente al dibujo. Colorea la última letra consonante del sustantivo con color azul y de rojo la última letra vocal.

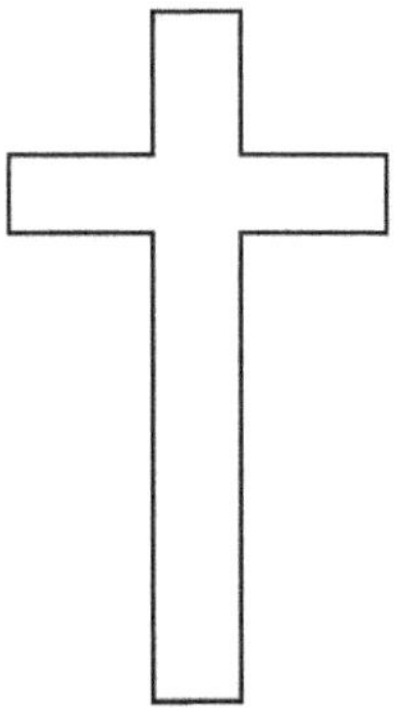

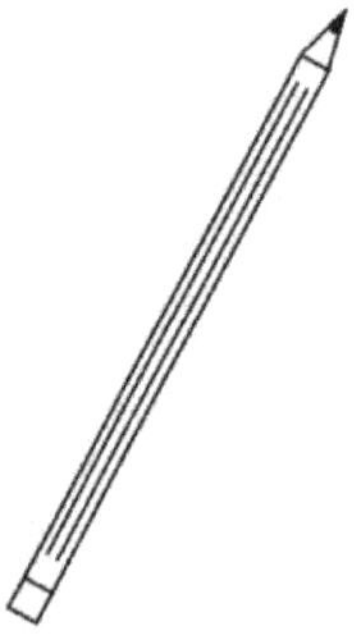

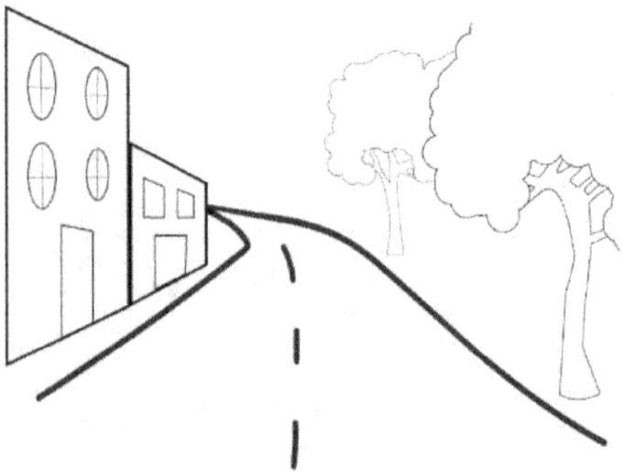

El verbo "ser" en singular (es) con los artículos (el, la)

Nombre:_____

Páginas de práctica

El verbo "ser" en singular (es) con los artículos (el, la)

1. Escribe la oración notando la concordancia correcta entre género y número del sustantivo.

Ejemplo:

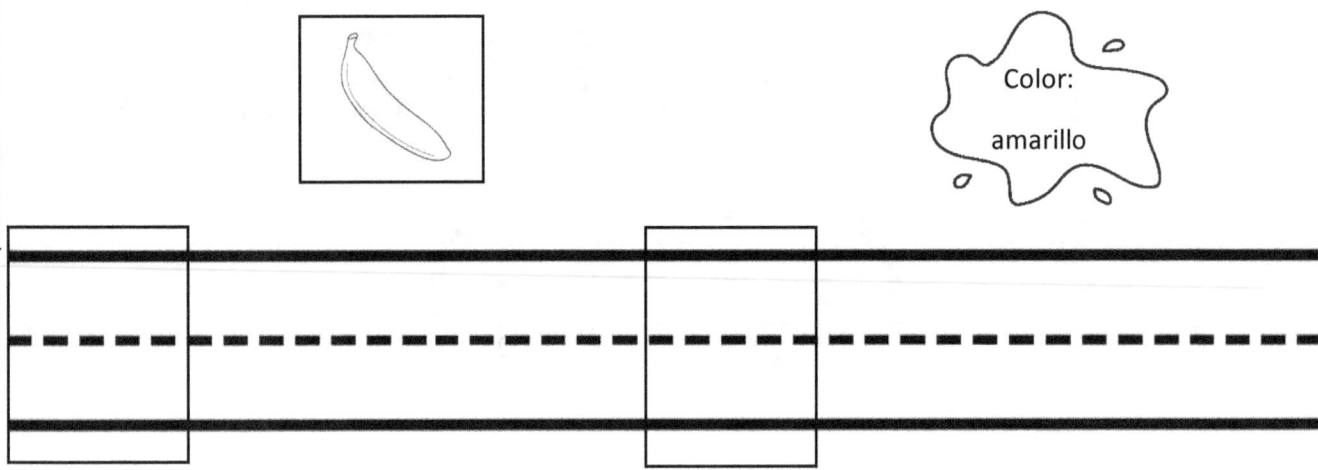

Nombre:_____

Páginas de práctica

El verbo "ser" en singular (es) con los artículos (el, la)

1. Escribe la oración notando la concordancia correcta entre género y número del sustantivo.

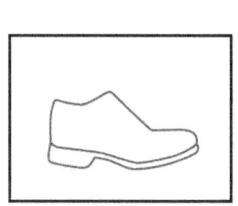
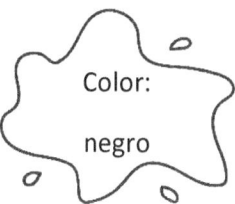
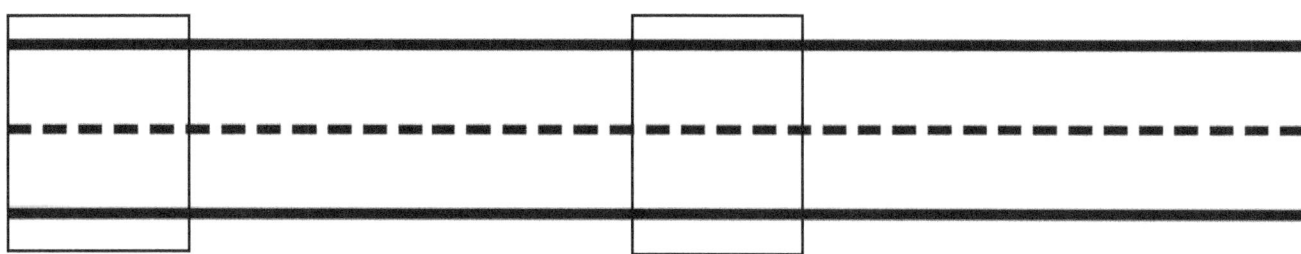

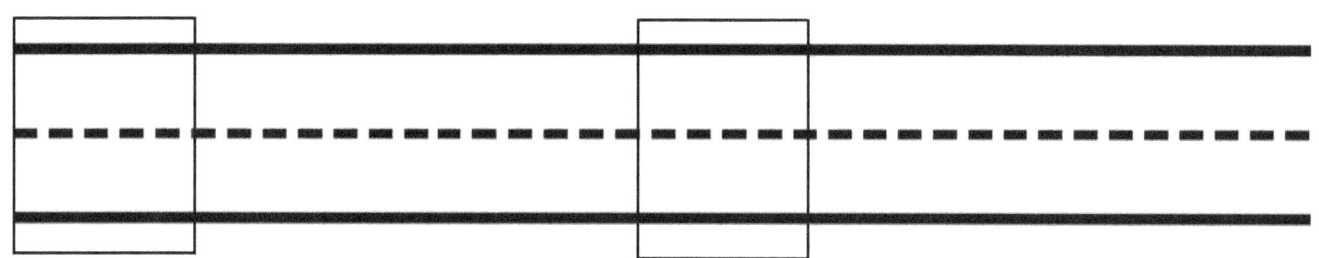

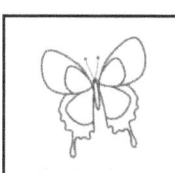

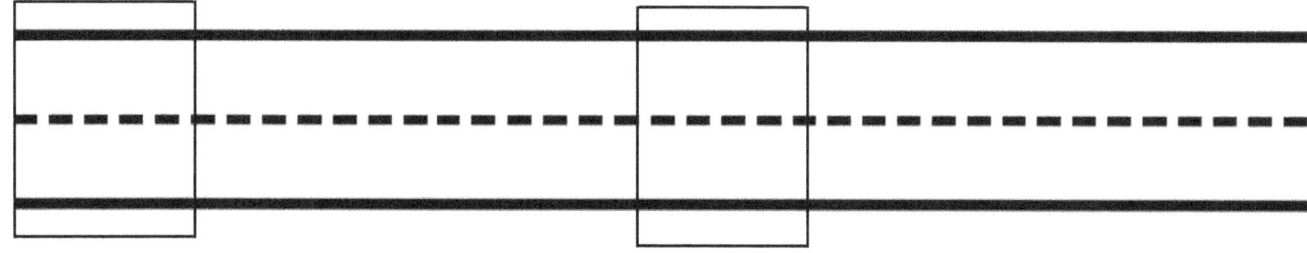

Nombre:_____

Páginas de práctica

1. Lee las oraciones. Corta los personajes y pégalos en orden según las oraciones.

Juan es alto.
Juan es más alto que Luis.
Carlos es el más alto de todos.

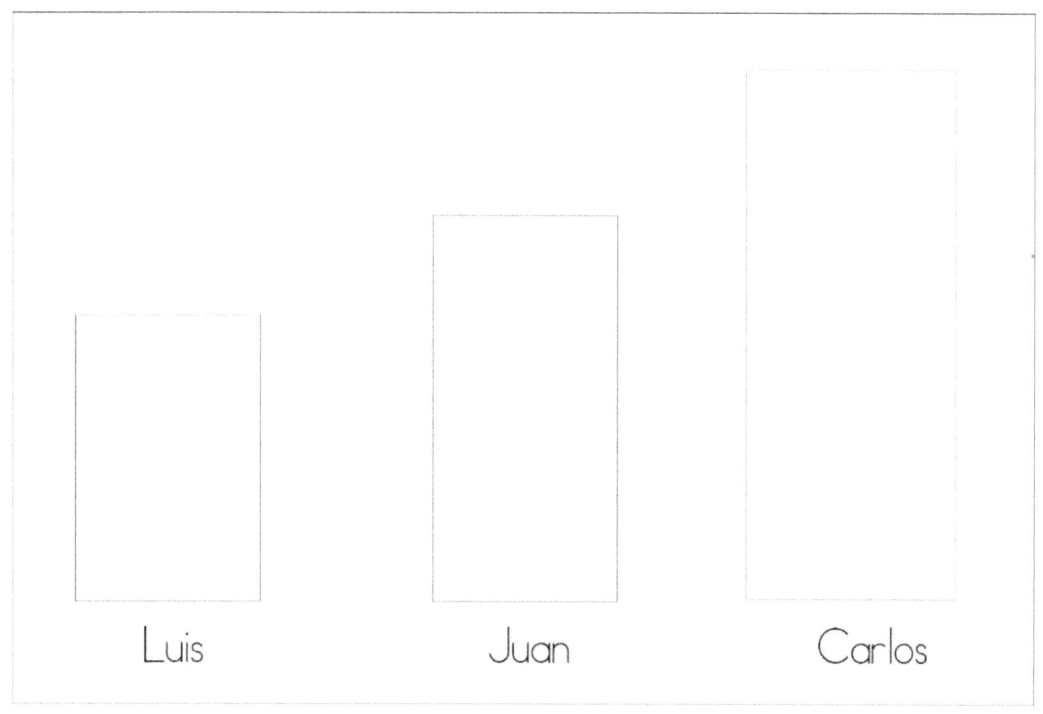

Nombre:_____

Páginas de práctica

1. Lee las oraciones. Corta los personajes y pégalos en orden según las oraciones.

La piña es grande.
La piña es más grande que la manzana.
La sandía es la más grande.

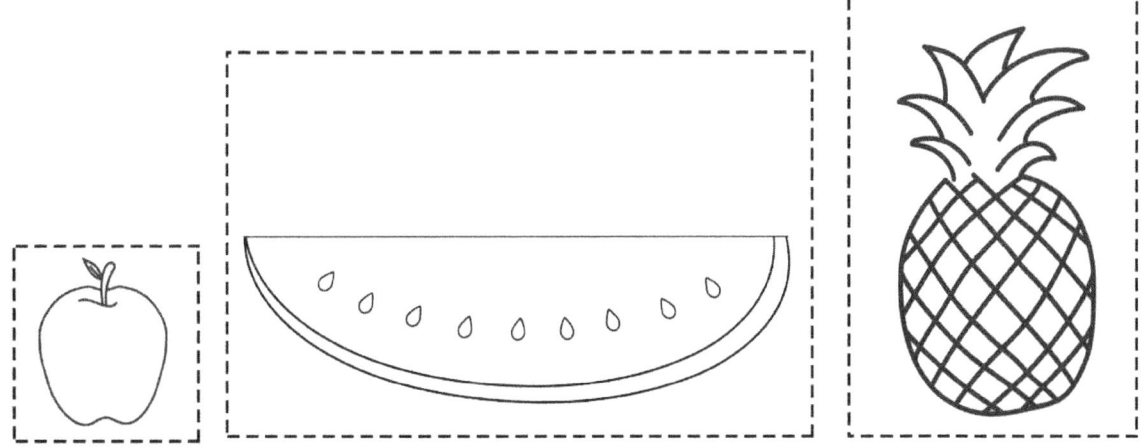

Los artículos determinados en plural (los, las)

Nombre:_____

 Páginas de práctica

Los artículos determinados en plural (los, las)

1. Escribe el artículo y la palabra correspondiente al dibujo.

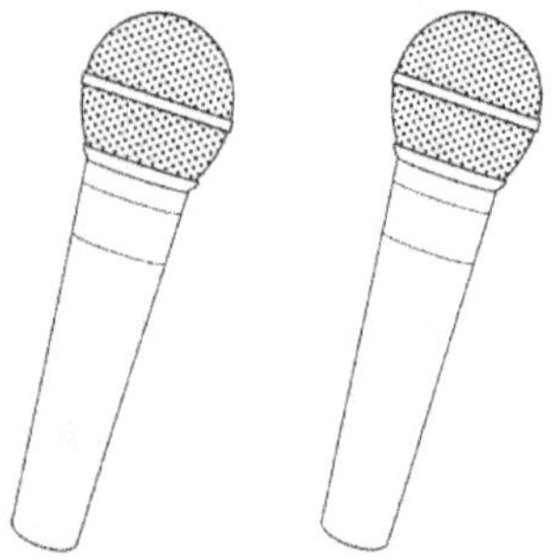

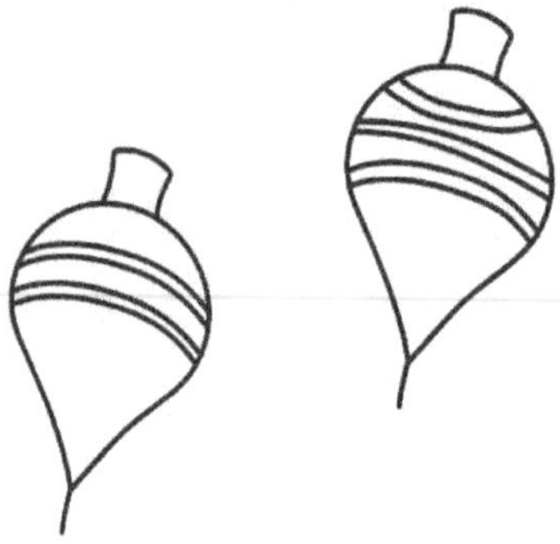

Nombre: _____

 Páginas de práctica

Los artículos determinados en plural (los, las)

1. Escribe el artículo y la palabra correspondiente al dibujo.

Los artículos determinados en plural (los, las)

1. Escribe el artículo y la palabra correspondiente al dibujo.

Nombre: _____

Páginas de práctica

Los artículos determinados en plural (los, las)

1. Escribe el artículo y la palabra correspondiente al dibujo.

Nombre:_____

Los artículos determinados en plural (los, las)

1. Escribe el artículo y la palabra correspondiente al dibujo.

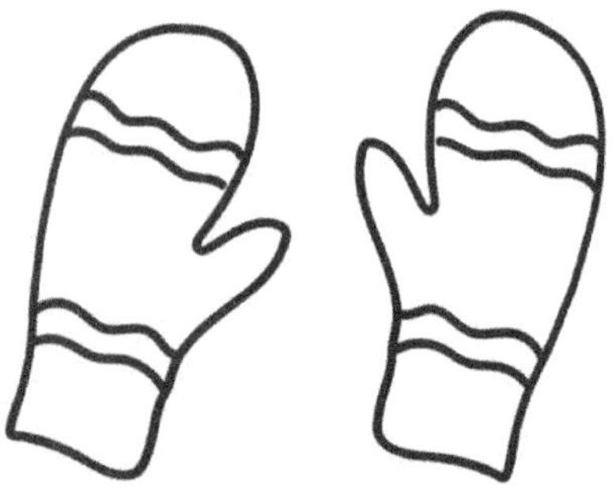

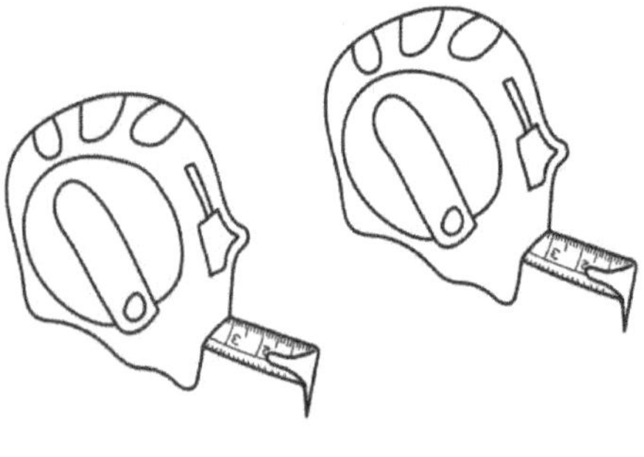

Nombre:_____

Los artículos determinados en plural (los, las)

1. Escribe el artículo y la palabra correspondiente al dibujo.

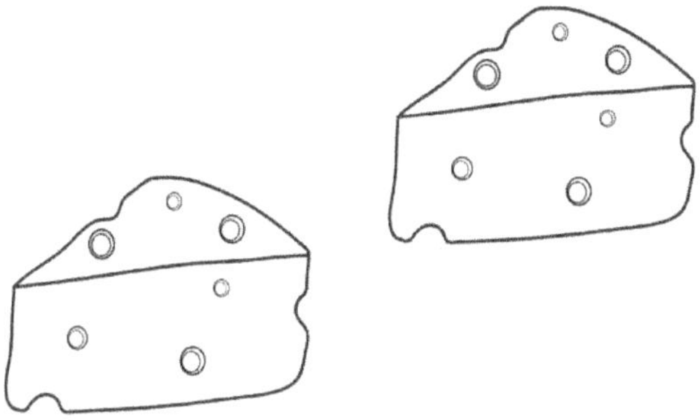

Nombre:_____

Los artículos determinados en plural (los, las)

1. Escribe el artículo y la palabra correspondiente al dibujo.

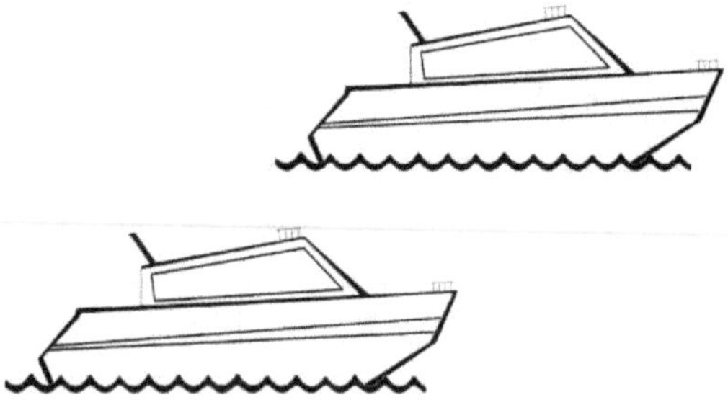

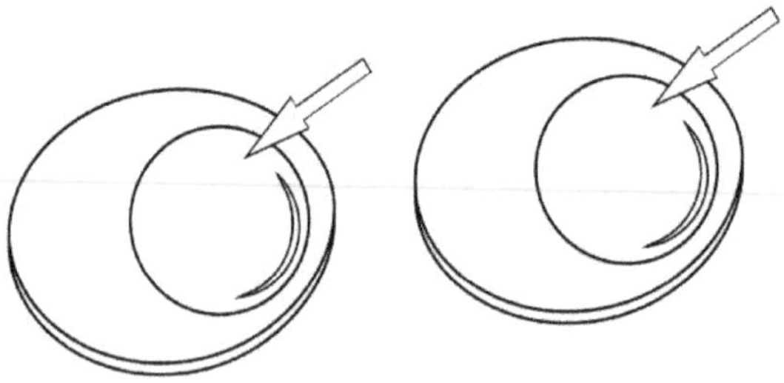

Nombre:______________________________

Páginas de práctica

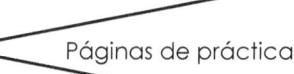

Los artículos determinados en plural (los, las)

1. Escribe el artículo y la palabra correspondiente al dibujo.

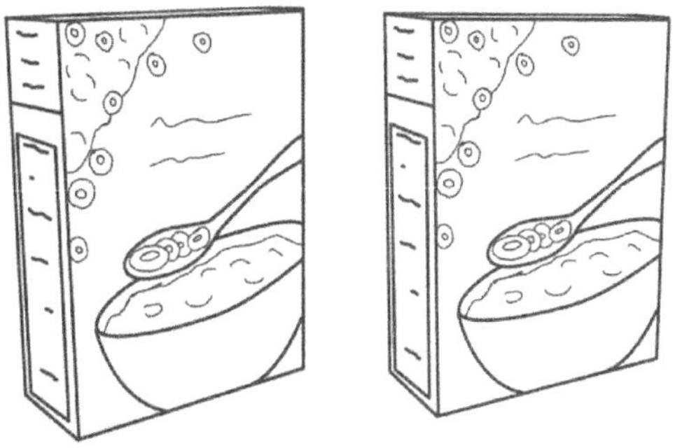

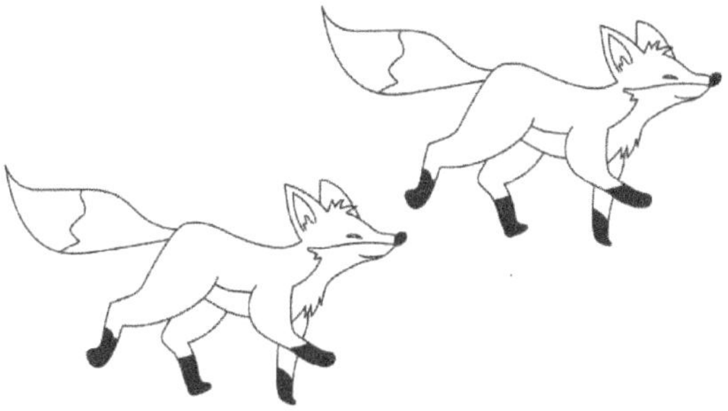

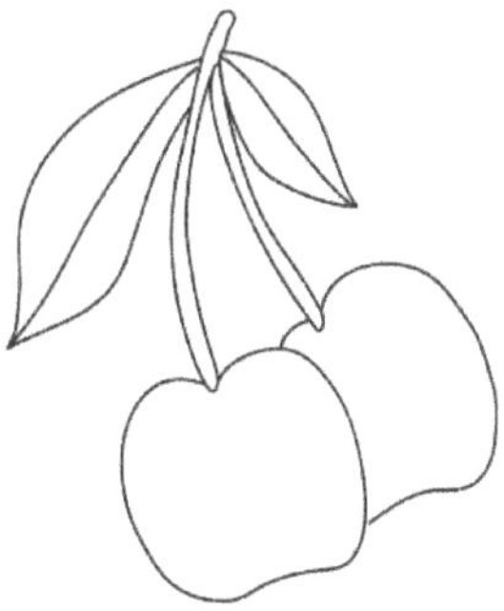

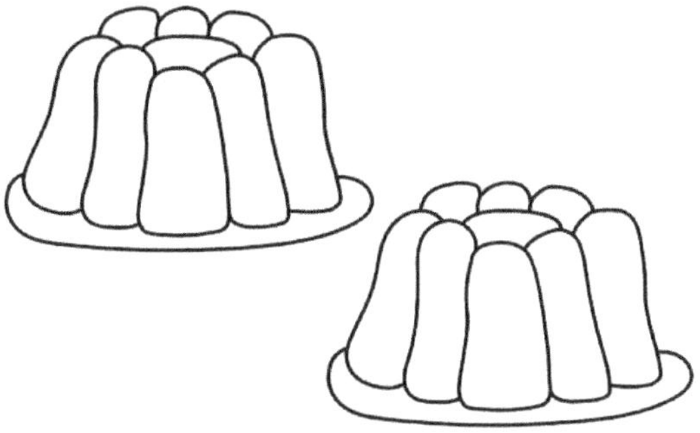

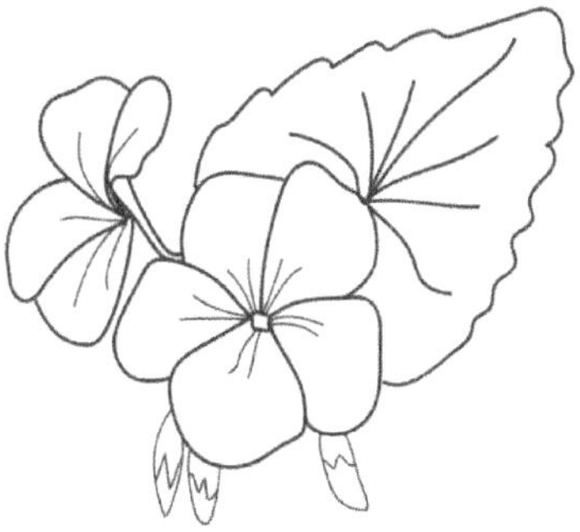

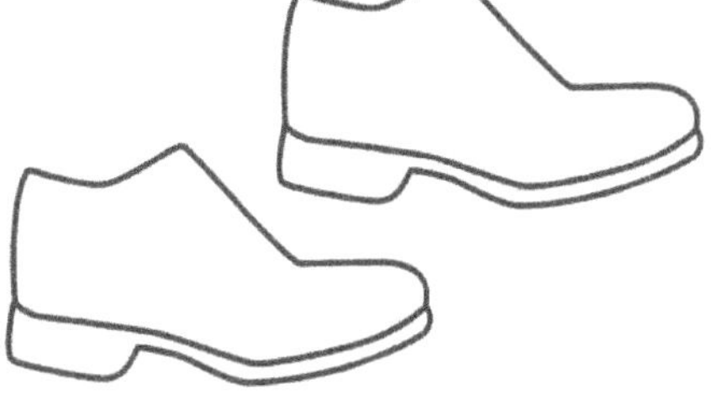

Nombre: _____

Los artículos determinados en plural (los, las)
1. Escribe el artículo y la palabra correspondiente al dibujo.

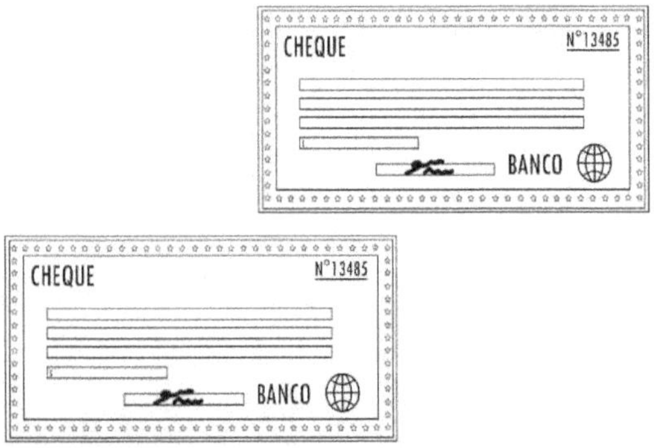

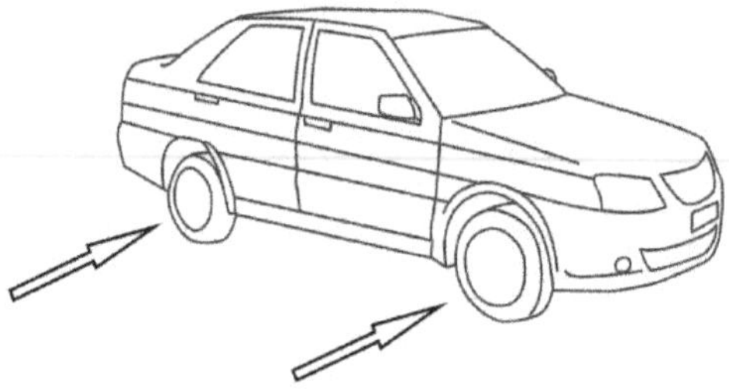

El verbo "ser" en plural (son) con los artículos (los, las)

Nombre:_____

Páginas de práctica

El verbo "ser" en plural (son) con los artículos (los, las)

1. Escribe la oración notando la concordancia correcta entre género y número del sustantivo.

 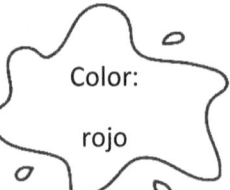

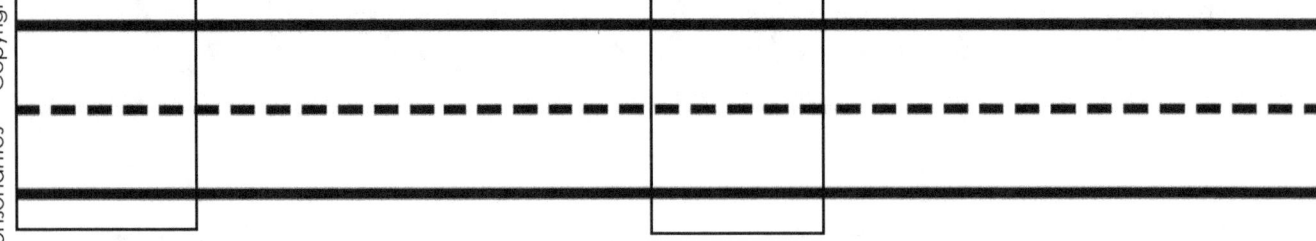

 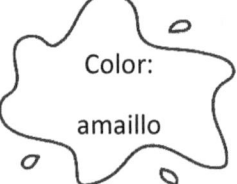

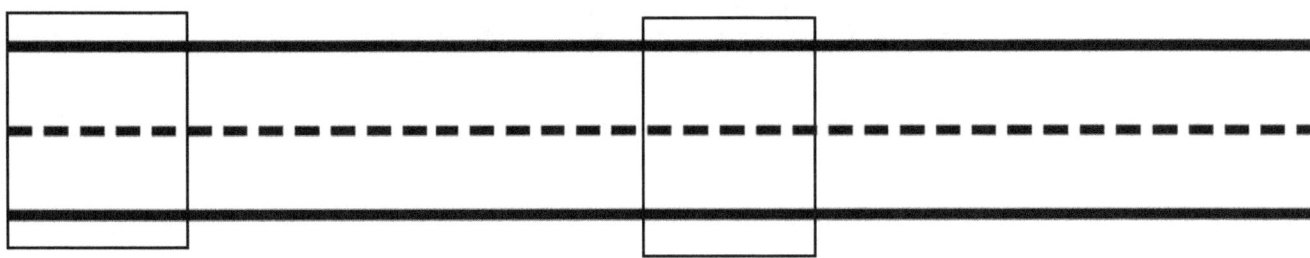

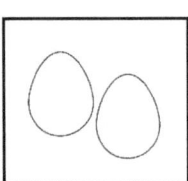 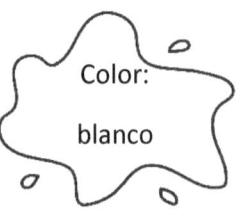

Nombre:_____

Páginas de práctica

El verbo "ser" en plural (son) con los artículos (los, las)

1. Escribe la oración notando la concordancia correcta entre género y número del sustantivo.

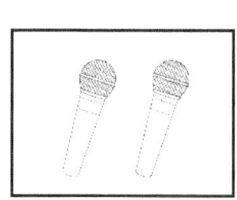 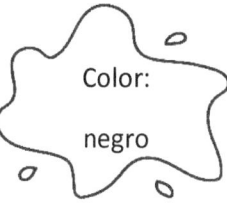

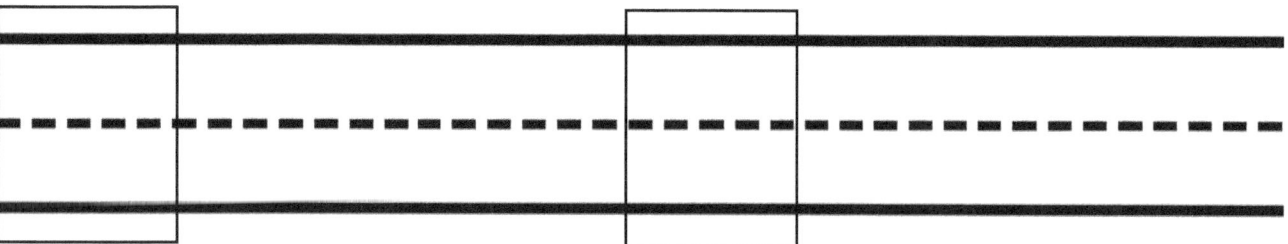

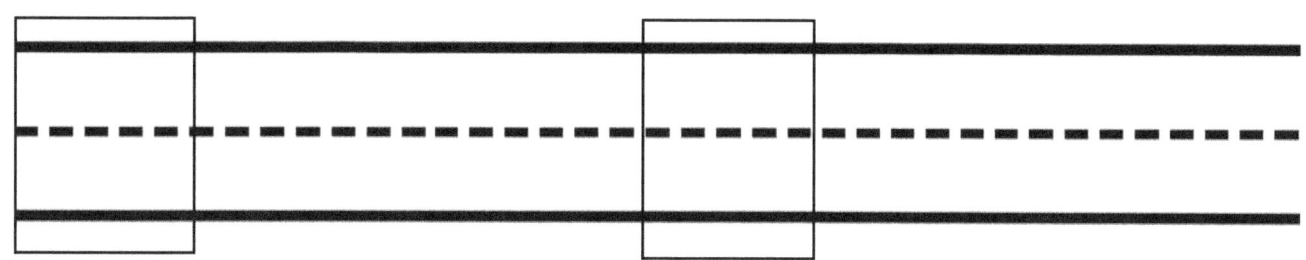

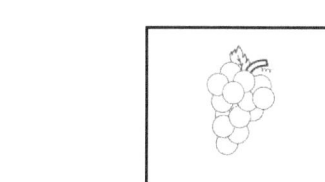 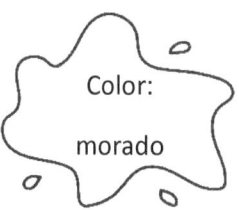

Los artículos indeterminados en singular (un, una)

Nombre: _____

◁ Páginas de práctica

Los artículos indeterminados en singular (un, una)

1. Observa la lámina y escribe una oración usando "un" o "una" para cada animal que veas.

Nombre:_____

 Páginas de práctica

Los artículos indeterminados en singular (un, una)

1. Observa la lámina y escribe una oración usando "un" o "una" para cada animal que veas.

El verbo "ser" en singular (es) con los artículos (un, una)

Nombre:_____

Páginas de práctica

El verbo "ser" en singular (es) con los artículos (un, una)
1. Corta y pega en orden la oración.

_____

_____

- -

Un	mariposa
morada.	es	mango
es	dulce.	Una

Nombre:_____

Páginas de práctica

El verbo "ser" en singular (es) con los artículos (un, una)

1. Corta y pega en orden la oración.

---

es	grande.
volcán	Una	suave.
Un	cama	es

Los artículos indeterminados en plural (unos, unas)

Nombre:_____

Páginas de práctica

Los artículos indeterminados en plural (unos, unas)

1. Une la imagen con su artículo indeterminado correspondiente.

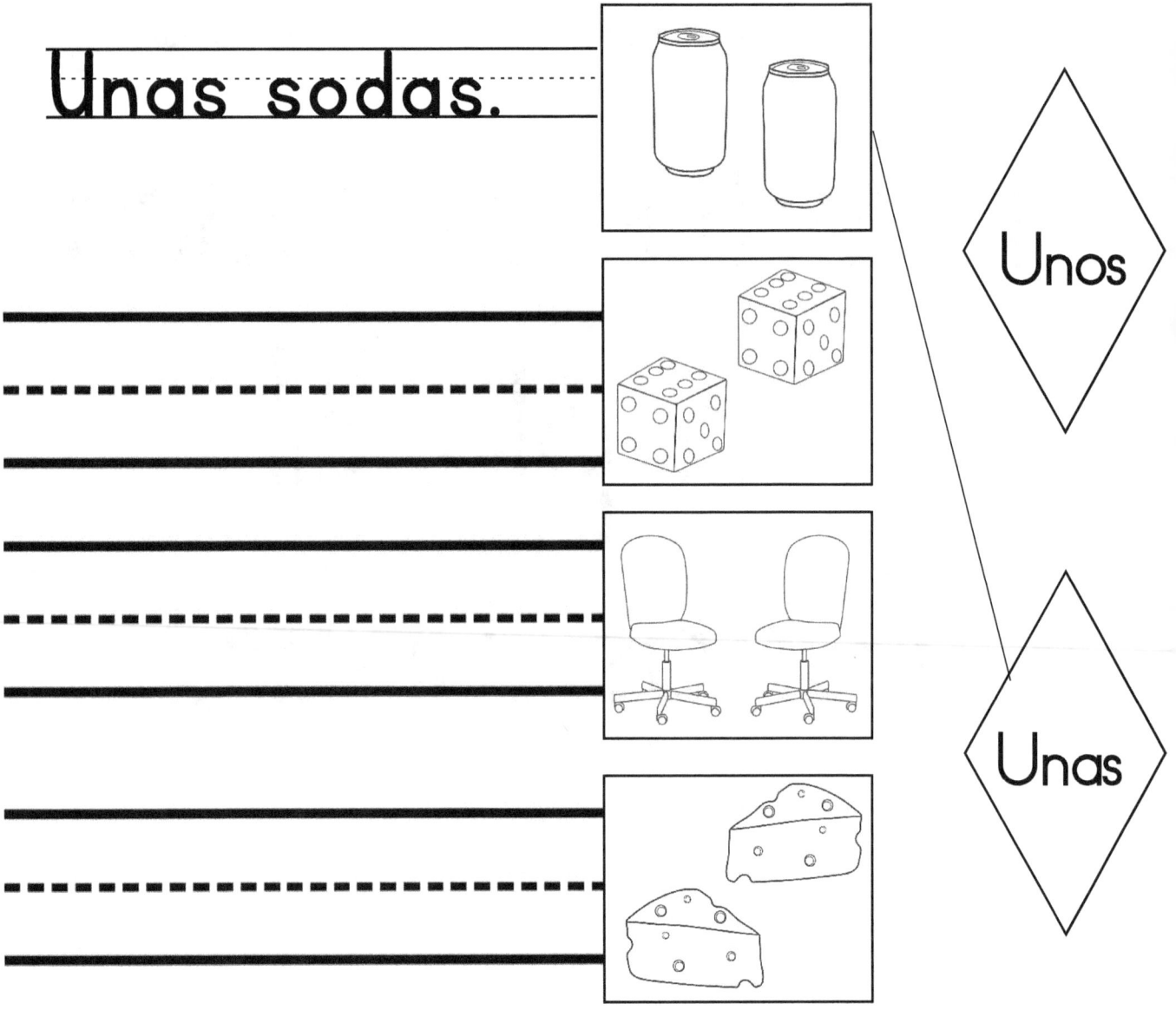

Unas sodas.

Nombre:_____

Páginas de práctica

Los artículos indeterminados en plural (unos, unas)

1. Une la imagen con su artículo indeterminado correspondiente.

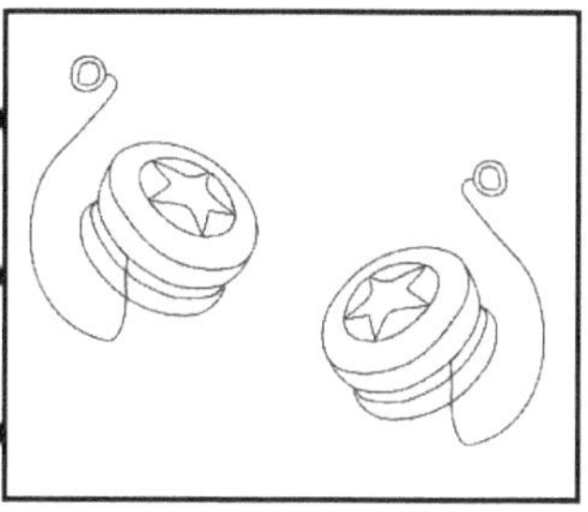

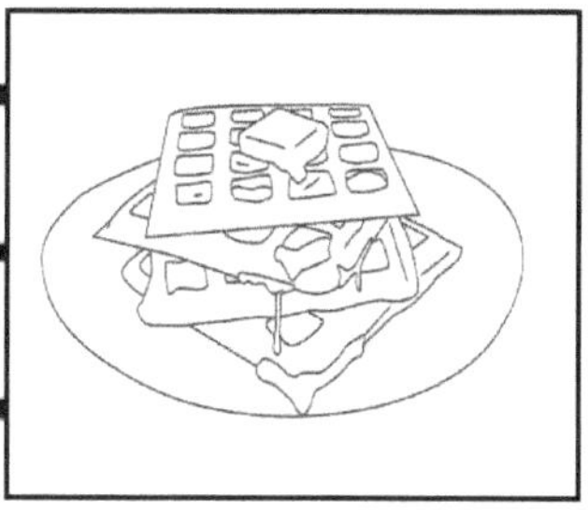

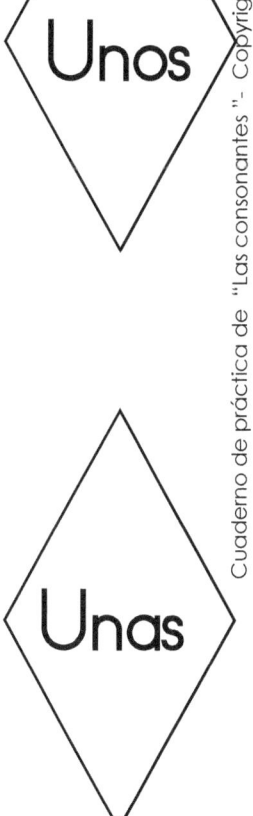

El verbo "ser" en plural (son) con los artículos (unos, unas)

Nombre: _____

Páginas de práctica

El verbo "ser" en plural (son) con los artículos (unos, unas)

1. Observa el esquema de oración, escribe la oración correcta y completa en los renglones debajo.

 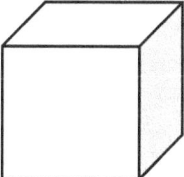

Unas _____ son _____

 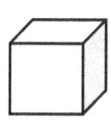

1. _____

2. _____

Nombre:_____

El verbo "ser" en plural (son) con los artículos (unos, unas)

1. Observa el esquema de oración, escribe la oración correcta y completa en los renglones debajo.

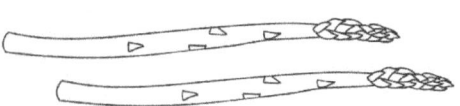

Unos   son

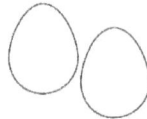 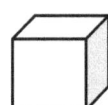

1

2

- 216 -

Pronombre personal "yo" y el pronombre reflexivo "me"

Nombre:_____

Páginas de práctica

Pronombre personal "yo" y el pronombre reflexivo "me"

1. Completa la oración usando el pronombre correspondiente y el artículo en concordancia al sustantivo.

Ejemplo:

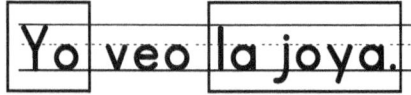

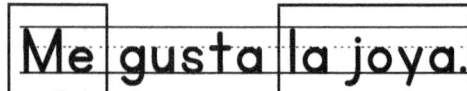

Nombre:_____

Páginas de práctica

Pronombre personal "yo" y el pronombre reflexivo "me"

1. Completa la oración usando el pronombre correspondiente y el artículo en concordancia al sustantivo.

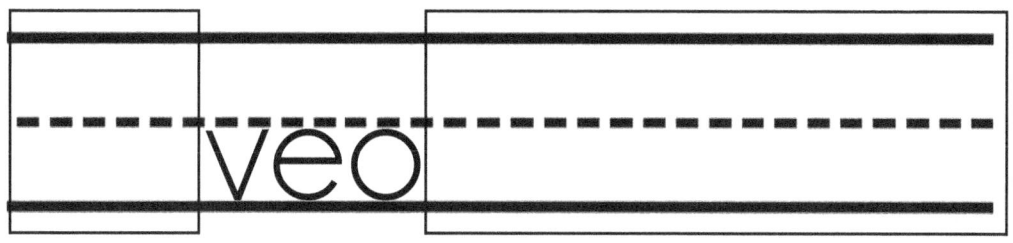

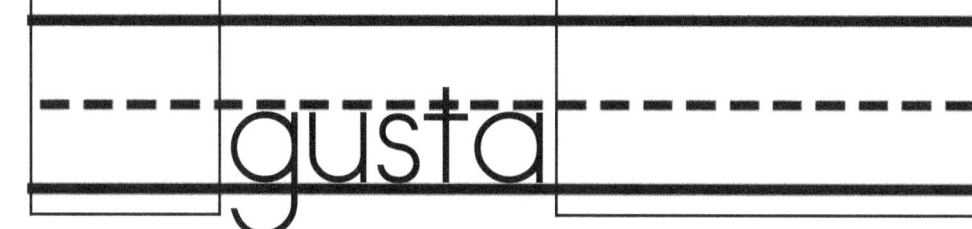

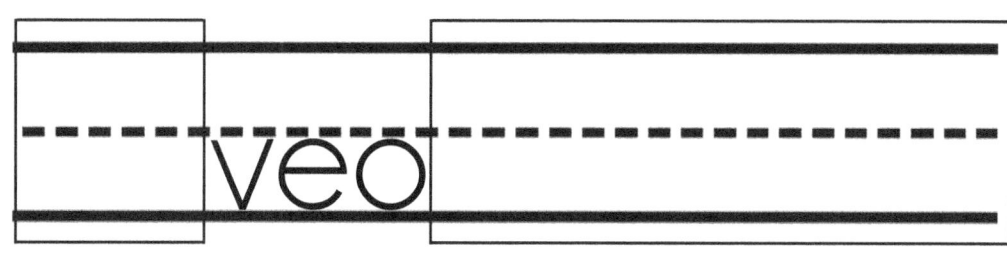

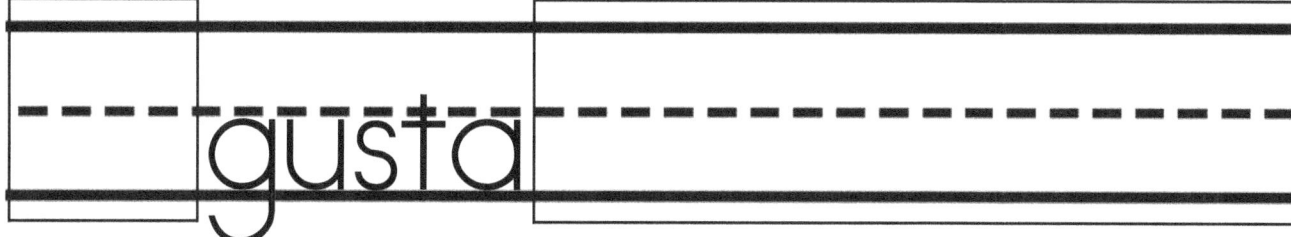

El pronombre personal "él" y el artículo determinado "el"

Nombre:_____

Páginas de práctica

El pronombre personal "él" y el artículo determinado "el"
1. Lee las oraciones y reemplaza a la persona usando el pronombre personal "él".
2. Identifica el artículo "el" y coloréalos de verde.

El abuelo está feliz.
Él está feliz.

El niño tiene el girasol.

Juan como wafles.

Raúl compró el dulce.

Nombre:_____

Páginas de práctica

El pronombre personal "él" y el artículo determinado "el"
1. Lee las oraciones y reemplaza a la persona usando el pronombre personal "él".
2. Identifica el artículo "el" y coloréalos de verde.

Diego es el profesor.

_____

Jaime mira el cielo.

_____

Luis juega con el yoyo.

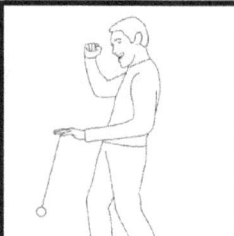

_____

Mateo come el cereal.

_____

El pronombre personal "tú" y el pronombre posesivo "tu"

Nombre:_____

Páginas de práctica

El pronombre personal "tú" y el pronombre posesivo "tu"
1. Agrégale tilde al "tu" cuando sea pronombre personal.

Tu tienes tu cuaderno en la mesa.

Tu y tu hermano irán al parque.

Tu tienes el caramelo de limón.

Tu llevas el pan a tu mamá.

Tu te sientas en tu silla.

Tu pones la ropa en tu cajón.

Tu tienes las llaves de tu carro.

Los verbos en infinitivo

Nombre:_____

Páginas de práctica

Los verbos en infinitivo

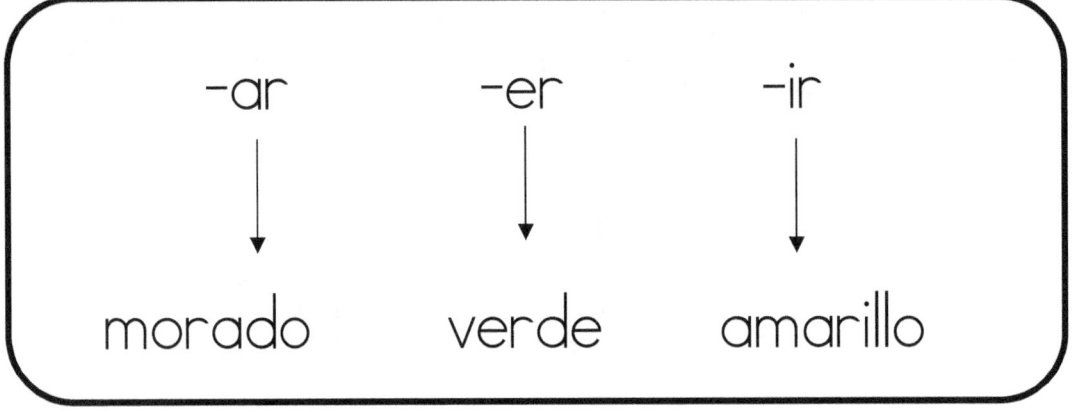

1. Separa las palabras en sílabas y pinta las últimas dos letras de las palabras según las indicaciones de arriba.

bailar

perder

leer

pintar

decir

tomar

Nombre: _____

Páginas de práctica

Los verbos en infinitivo

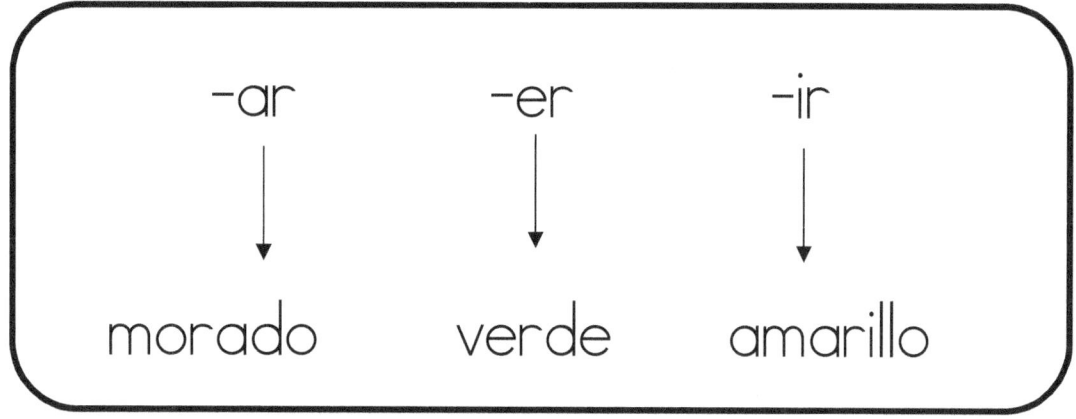

1. Separa las palabras en sílabas y pinta la sílaba cerrada según las indicaciones de arriba.

sonreír

defender

sorprender

Nombre:_____

Páginas de práctica

Los verbos en infinitivo

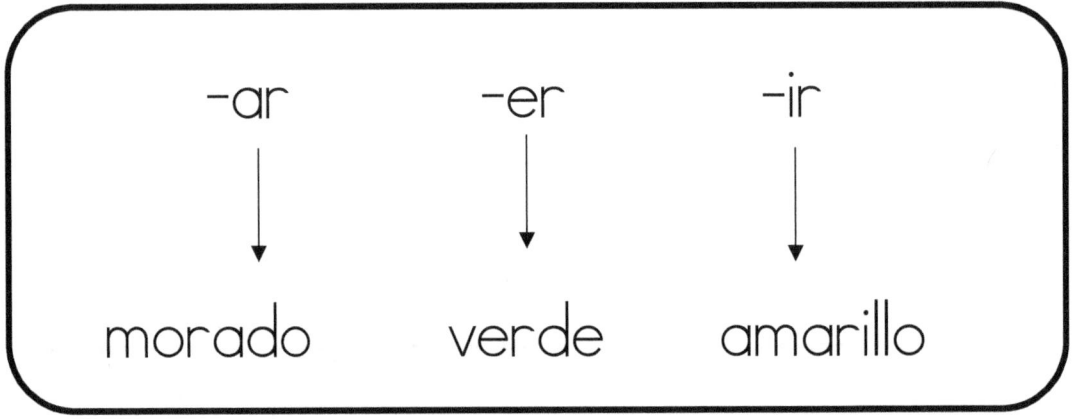

1. Separa las palabras en sílabas y pinta la sílaba cerrada según las indicaciones de arriba.

partir [___] [___]   roer [___] [___]

aplaudir [___] [___] [___]

freír [___] [___]   temer [___] [___]

Nombre:_____

Páginas de práctica

Los verbos en infinitivo

1. Corta el verbo irregular y pégalo debajo de la acción correspondiente.

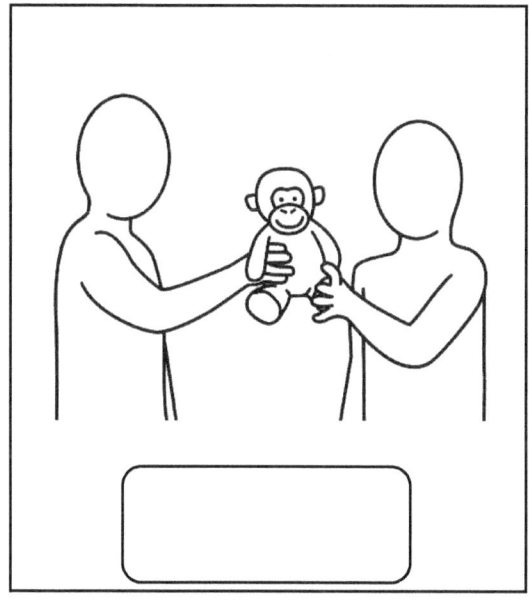

- -

| Preguntar | Observar | Compartir | Respetar |

Los verbos en infinitivo

1. Corta el verbo irregular y pégalo debajo de la acción correspondiente.

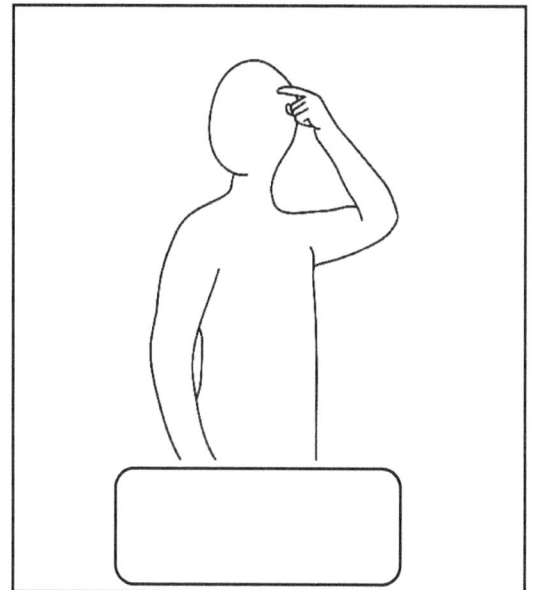
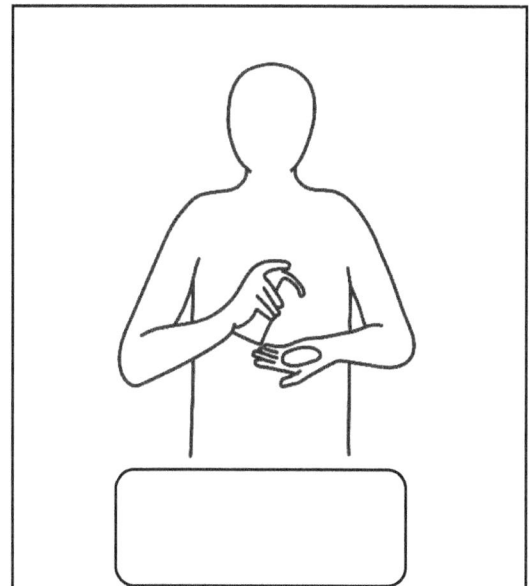

Buscar   Pensar   Desinfectar   Terminar

Práctica de los verbos en infinitivo usando el esquema de oración "yo puedo"

Yo puedo _____ .

Nombre:_____

Páginas de práctica

Uso del verbo "poder" conjugado en la primera persona singular "yo"
1. Ahora escribe una oración usando un verbo en infinitivo completando el siguiente esquema de oración.

Yo puedo

1.

2.

3.

Nombre:_____

Páginas de práctica

Uso del verbo "poder" conjugado en la primera persona singular "yo"

1. Ahora escribe una oración usando un verbo en infinitivo completando el siguiente esquema de oración.

Yo puedo

1.

2.

3.

El verbo "ser" y "estar"

Nombre:_____

Páginas de práctica

El verbo "ser" y "estar"

1. Colorea los dibujos de los sustantivos con colores reales. Luego completa las oraciones siguiendo el ejemplo, usando el verbo "ser" para indicar el color del sustantivo y el verbo "estar" para indicar las emociones:

La manzana es roja.

Yo estoy feliz.

El sapo es

Yo estoy

Nombre:_____

Páginas de práctica

El verbo "ser" y "estar"

1. Colorea los dibujos de los sustantivos con colores reales. Luego usa el verbo ser (es) para formar una oración. Usa el verbo estar (estoy) para hacer una oración con el sustantivo de lugar:

La preposición "de" para indicar posesión

Nombre:_____

Páginas de práctica

La preposición "de" para indicar posesión

1. Corta los sustantivos de persona y cosa y pégalos en su sector correspondiente.

persona	cosa

Nombre:_____

Páginas de práctica

La preposición "de" para indicar posesión

1. Corta los sustantivos de persona y cosa y pégalos en su sector correspondiente.

persona	cosa

Nombre:_____

Páginas de práctica

La preposición "de" para indicar posesión

1. Usando los sustantivos de persona y cosa del ejercicio anterior forma los esquemas de oración.

de

artículo   cosa   dueño

de

artículo   cosa   dueño

de

artículo   cosa   dueño

de

artículo   cosa   dueño

Nombre:_____

Páginas de práctica

1. Lee la oración. Corta los personajes y pégalos en orden según las oraciones.

El cabello de María es largo.
El cabello de María es más largo que el de Sofía.
El cabello de Luciana es el más largo.

Sofía   María   Luciana

"Y"
como palabra
es una conjunción.
Une oraciones o ideas.

"Y"
como letra consonante.

"Y"
como letra vocal "i".

Nombre:_____

"Y" como palabra

1. Escribe las oraciones siguiendo el ejemplo y haz un óvalo a la "y" como palabra.

Yo veo el loro (y) la luna.

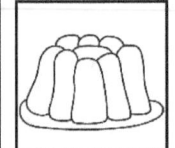

Nombre:_____

Páginas de práctica

"Y" como letra consonante

1. Lee cada palabra de abajo, córtala y pégala en el recuadro que corresponda.

La "y" como letra consonante	La "y" como letra vocal "i"

hay

soy   yo

voy   yema   yate

yoga   muy

Palabras frecuentes

Nombre:_____

Palabras frecuentes

1. ¿Cuántas palabras hay? ☐
2. Subraya con color rojo las letras vocales en cada palabra.

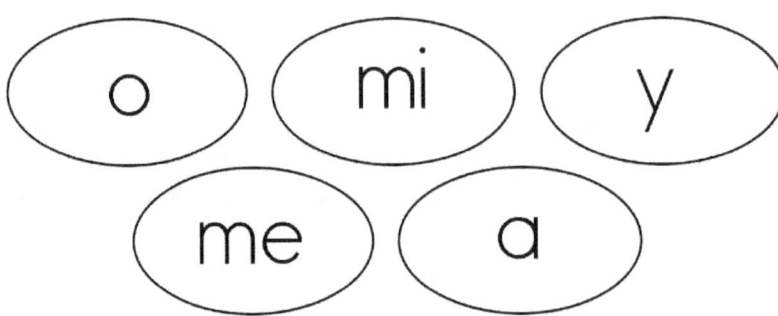

3. Colorea de morado las palabras frecuentes del Nivel A que encuentres en la oración:

La mami se va a la tienda y luego a la casa.

a	o	y
mi	me	si
su	se	le
lo	la	de
da	tu	no
va	ya	yo

4. Ahora dibuja el significado de la oración:

Nombre:_____

Páginas de práctica

Palabras frecuentes

1. ¿Cuántas palabras hay? ☐
2. Subraya con color rojo las letras vocales en cada palabra.

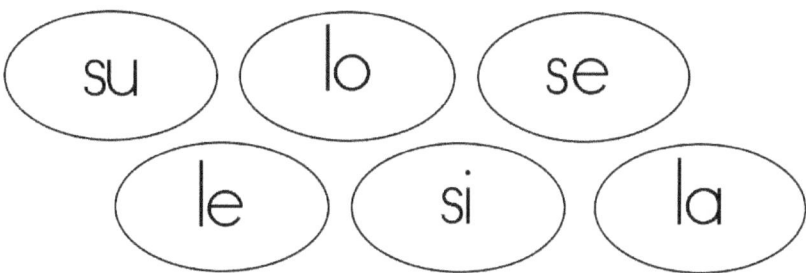

3. Colorea de morado las palabras frecuentes del Nivel A que encuentres en la oración:

El sapo se va a la rama.

a	o	y
mi	me	si
su	se	le
lo	la	de
da	tu	no
va	ya	yo

4. Ahora dibuja el significado de la oración:

Nombre:_____

Palabras frecuentes

1. ¿Cuántas palabras hay? ☐
2. Subraya con color rojo las letras vocales en cada palabra.

3. Colorea de morado las palabras frecuentes del Nivel A que encuentres en la oración:

Me gusta la taza de té con canela.

a	o	y
mi	me	si
su	se	le
lo	la	de
da	tu	no
va	ya	yo

4. Ahora dibuja el significado de la oración:

- 256 -

Nombre: _____

Páginas de práctica

Palabras frecuentes

1. ¿Cuántas palabras hay? ☐
2. Subraya con color rojo las letras vocales en cada palabra.

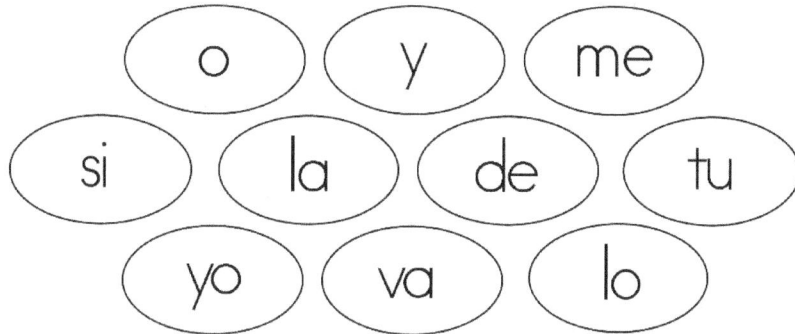

3. Colorea de morado las palabras frecuentes del Nivel A que encuentres en la oración:

Yo miro a mi papi y a mi mami.

a	o	y
mi	me	si
su	se	le
lo	la	de
da	tu	no
va	ya	yo

4. Ahora dibuja el significado de la oración:

Nombre:_____

Páginas de práctica

Palabras frecuentes

1. ¿Cuántas palabras hay? ☐

2. Colorea de morado las palabras frecuentes del nivel A y de color azul las del Nivel B que encuentres en la siguiente oración:

> Mi mami usa una camisa así.

a	o	y
mi	me	si
su	se	le
lo	la	de
da	tu	no
va	ya	yo

al	ir	un
el	es	en
así	ahí	uno
usa	una	ella
eso	ese	era
esa	las	

3. Ahora dibuja el significado de la oración:

Nombre: _____

Páginas de práctica

Palabras frecuentes

1. ¿Cuántas palabras hay? ☐

2. Colorea de morado las palabras frecuentes del nivel A y de color azul las del Nivel B que encuentres en la siguiente oración:

> Ella es mi mamá. Ella va a la escuela.

a	o	y
mi	me	si
su	se	le
lo	la	de
da	tu	no
va	ya	yo

al	ir	un
el	es	en
así	ahí	uno
usa	una	ella
eso	ese	era
esa	las	

3. Ahora dibuja el significado de la oración:

Nombre:_____

Páginas de práctica

Palabras frecuentes

1. ¿Cuántas palabras hay? ☐

2. Colorea de morado las palabras frecuentes del nivel A y de color azul las del Nivel B que encuentres en la siguiente oración:

Yo voy a ir a la tienda.

a	o	y
mi	me	si
su	se	le
lo	la	de
da	tu	no
va	ya	yo

al	ir	un
el	es	en
así	ahí	uno
usa	una	ella
eso	ese	era
esa	las	

3. Ahora dibuja el significado de la oración:

- 260 -

Nombre: _____

Páginas de práctica

Palabras frecuentes

1. ¿Cuántas palabras hay? ☐

2. Colorea de morado las palabras frecuentes del nivel A y de color azul las del Nivel B que encuentres en la siguiente oración:

> Las niñas y yo vamos en el carro.

a	o	y
mi	me	si
su	se	le
lo	la	de
da	tu	no
va	ya	yo

al	ir	un
el	es	en
así	ahí	uno
usa	una	ella
eso	ese	era
esa	las	

3. Ahora dibuja el significado de la oración:

Nombre: _____

Páginas de práctica

Palabras frecuentes

1. ¿Cuántas palabras hay? ☐

2. Colorea de morado las palabras frecuentes del nivel A, de color azul las del Nivel B y de color verde del Nivel C en la oración:

La manzana y el mango son muy ricos.

a	o	y
mi	me	si
su	se	le
lo	la	de
da	tu	no
va	ya	yo

al	ir	un
el	es	en
así	ahí	uno
usa	una	ella
eso	ese	era
esa	las	

con	del	dos
tus	los	les
sus	ser	veo
son	mis	más
por	vez	hay
soy	voy	muy
que	fue	

3. Ahora dibuja el significado de la oración:

Nombre: _____

Páginas de práctica

Palabras frecuentes

1. ¿Cuántas palabras hay? ☐

2. Colorea de morado las palabras frecuentes del nivel A, de color azul las del Nivel B y de color verde del Nivel C en la oración:

Yo veo más perros que gatos.

a	o	y
mi	me	si
su	se	le
lo	la	de
da	tu	no
va	ya	yo

al	ir	un
el	es	en
así	ahí	uno
usa	una	ella
eso	ese	era
esa	las	

con	del	dos
tus	los	les
sus	ser	veo
son	mis	más
por	vez	hay
soy	voy	muy
que	fue	

3. Ahora dibuja el significado de la oración:

Nombre: _____

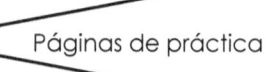
Páginas de práctica

Palabras frecuentes

1. ¿Cuántas palabras hay? ☐

2. Colorea de morado las palabras frecuentes del nivel A, de color azul las del Nivel B y de color verde del Nivel C en la oración:

Hay dos monos y hay dos plátanos.

a	o	y
mi	me	si
su	se	le
lo	la	de
da	tu	no
va	ya	yo

al	ir	un
el	es	en
así	ahí	uno
usa	una	ella
eso	ese	era
esa	las	

con	del	dos
tus	los	les
sus	ser	veo
son	mis	más
por	vez	hay
soy	voy	muy
que	fue	

3. Ahora dibuja el significado de la oración:

Nombre:_____

Páginas de práctica

Palabras frecuentes

1. ¿Cuántas palabras hay? ☐

2. Colorea de morado las palabras frecuentes del nivel A, de color azul las del Nivel B y de color verde del Nivel C en la oración:

> Yo voy a mi casa que está en la playa.

a	o	y
mi	me	si
su	se	le
lo	la	de
da	tu	no
va	ya	yo

al	ir	un
el	es	en
así	ahí	uno
usa	una	ella
eso	ese	era
esa	las	

con	del	dos
tus	los	les
sus	ser	veo
son	mis	más
por	vez	hay
soy	voy	muy
que	fue	

3. Ahora dibuja el significado de la oración:

Nombre:_____

Páginas de práctica

Palabras frecuentes

1. ¿Cuántas palabras hay? ☐

2. Colorea de color azul las palabras frecuentes del Nivel B, de color verde del Nivel C y de color amarillo del Nivel D en la siguiente oración:

> Mi papá come mucho pero mi mamá solo come poco.

al	ir	un
el	es	en
así	ahí	uno
usa	una	ella
eso	ese	era
esa	las	

con	del	dos
tus	los	les
sus	ser	veo
son	mis	más
por	vez	hay
soy	voy	muy
que	fue	

algo	hola	dice
mucho	vaya	come
hace	papá	todo
para	mira	mamá
pero	dijo	solo
casa	como	cada
rojo		

3. Ahora dibuja el significado de la oración:

Nombre:_____

Páginas de práctica

Palabras frecuentes

1. ¿Cuántas palabras hay? ☐

2. Colorea de color azul las palabras frecuentes del Nivel B, de color verde del Nivel C y de color amarillo del Nivel D en la siguiente oración:

> Mi mamá hace la cena cada noche y mi papá pone los cubiertos.

al	ir	un
el	es	en
así	ahí	uno
usa	una	ella
eso	ese	era
esa	las	

con	del	dos
tus	los	les
sus	ser	veo
son	mis	más
por	vez	hay
soy	voy	muy
que	fue	

algo	hola	dice
mucho	vaya	come
hace	papá	todo
para	mira	mamá
pero	dijo	solo
casa	como	cada
rojo		

3. Ahora dibuja el significado de la oración:

Nombre:_____

Páginas de práctica

Palabras frecuentes

1. ¿Cuántas palabras hay? ☐

2. Colorea de color azul las palabras frecuentes del Nivel B, de color verde del Nivel C y de color amarillo del Nivel D en la siguiente oración:

> Mi mamá dijo: "mira el carro rojo que está ahí".

al	ir	un
el	es	en
así	ahí	uno
usa	una	ella
eso	ese	era
esa	las	

con	del	dos
tus	los	les
sus	ser	veo
son	mis	más
por	vez	hay
soy	voy	muy
que	fue	

algo	hola	dice
mucho	vaya	come
hace	papá	todo
para	mira	mamá
pero	dijo	solo
casa	como	cada
rojo		

3. Ahora dibuja el significado de la oración:

Nombre: _____

Páginas de práctica

Palabras frecuentes

1. ¿Cuántas palabras hay? ☐

2. Colorea de color azul las palabras frecuentes del Nivel B, de color verde del Nivel C y de color amarillo del Nivel D en la siguiente oración:

> Yo como mucho cuando voy a la casa de mi abuelo.

al	ir	un
el	es	en
así	ahí	uno
usa	una	ella
eso	ese	era
esa	las	

con	del	dos
tus	los	les
sus	ser	veo
son	mis	más
por	vez	hay
soy	voy	muy
que	fue	

algo	hola	dice
mucho	vaya	come
hace	papá	todo
para	mira	mamá
pero	dijo	solo
casa	como	cada
rojo		

3. Ahora dibuja el significado de la oración:

Nombre:_____

Páginas de práctica

Palabras frecuentes

1. ¿Cuántas palabras hay? ☐

2. Colorea de verde las palabras frecuentes del Nivel C, de amarillo del Nivel D y de anaranjado del Nivel E en la siguiente oración:

> Yo estoy con mis amigos en la casa ahora.

con	del	dos
tus	los	les
sus	ser	veo
son	mis	más
por	vez	hay
soy	voy	muy
que	fue	

algo	hola	dice
mucho	vaya	come
hace	papá	todo
para	mira	mamá
pero	dijo	solo
casa	como	cada
rojo		

estoy	entre	ahora
abajo	vamos	aquí
unos	ellos	está
este	otro	tengo
quiero	donde	gusta
niño	niña	pequeño

3. Ahora dibuja el significado de la oración:

Nombre: _____

Páginas de práctica

Palabras frecuentes

1. ¿Cuántas palabras hay? ☐

2. Colorea de verde las palabras frecuentes del Nivel C, de amarillo del Nivel D y de anaranjado del Nivel E en la siguiente oración:

> "Hace mucho frío aquí", dijo mi papá.

con	del	dos
tus	los	les
sus	ser	veo
son	mis	más
por	vez	hay
soy	voy	muy
que	fue	

algo	hola	dice
mucho	vaya	come
hace	papá	todo
para	mira	mamá
pero	dijo	solo
casa	como	cada
rojo		

estoy	entre	ahora
abajo	vamos	aquí
unos	ellos	está
este	otro	tengo
quiero	donde	gusta
niño	niña	pequeño

3. Ahora dibuja el significado de la oración:

Nombre:_____

Páginas de práctica

Palabras frecuentes

1. ¿Cuántas palabras hay? ☐

2. Colorea de verde las palabras frecuentes del Nivel C, de amarillo del Nivel D y de anaranjado del Nivel E en la siguiente oración:

> Yo tengo algo pequeño que quiero darle a la niña.

con	del	dos
tus	los	les
sus	ser	veo
son	mis	más
por	vez	hay
soy	voy	muy
que	fue	

algo	hola	dice
mucho	vaya	come
hace	papá	todo
para	mira	mamá
pero	dijo	solo
casa	como	cada
rojo		

estoy	entre	ahora
abajo	vamos	aquí
unos	ellos	está
este	otro	tengo
quiero	donde	gusta
niño	niña	pequeño

3. Ahora dibuja el significado de la oración:

Nombre:_____

Páginas de práctica

Palabras frecuentes

1. ¿Cuántas palabras hay? ☐

2. Colorea de verde las palabras frecuentes del Nivel C, de amarillo del Nivel D y de anaranjado del Nivel E en la siguiente oración:

> Ahora yo sé donde está tu casa.

con	del	dos
tus	los	les
sus	ser	veo
son	mis	más
por	vez	hay
soy	voy	muy
que	fue	

algo	hola	dice
mucho	vaya	come
hace	papá	todo
para	mira	mamá
pero	dijo	solo
casa	como	cada
rojo		

estoy	entre	ahora
abajo	vamos	aquí
unos	ellos	está
este	otro	tengo
quiero	donde	gusta
niño	niña	pequeño

3. Ahora dibuja el significado de la oración:

- 273 -

Nombre:_____

Páginas de práctica

Palabras frecuentes

1. Lee cada palabra frecuente, córtala y pégala en el cuadro según su cantidad de sílabas.

1 sílaba	2 sílabas

en

ella

hay

mucho

no

vamos

Nombre:_____

Páginas de práctica

Palabras frecuentes

1. Lee cada palabra frecuente, córtala y pégala en el cuadro según su cantidad de sílabas.

2 sílabas	3 sílabas

este

ahora

para

abajo

solo

pequeño

Nombre:_____

Páginas de práctica

Palabras frecuentes

1. Lee cada palabra frecuente, córtala y pégala en la fila según su cantidad de letras.

| donde | niña | con | tengo |

| ellos | dijo | gusta | usa |

| papá | uno | fue | hola |

Nombre:_____

Páginas de práctica

Palabras

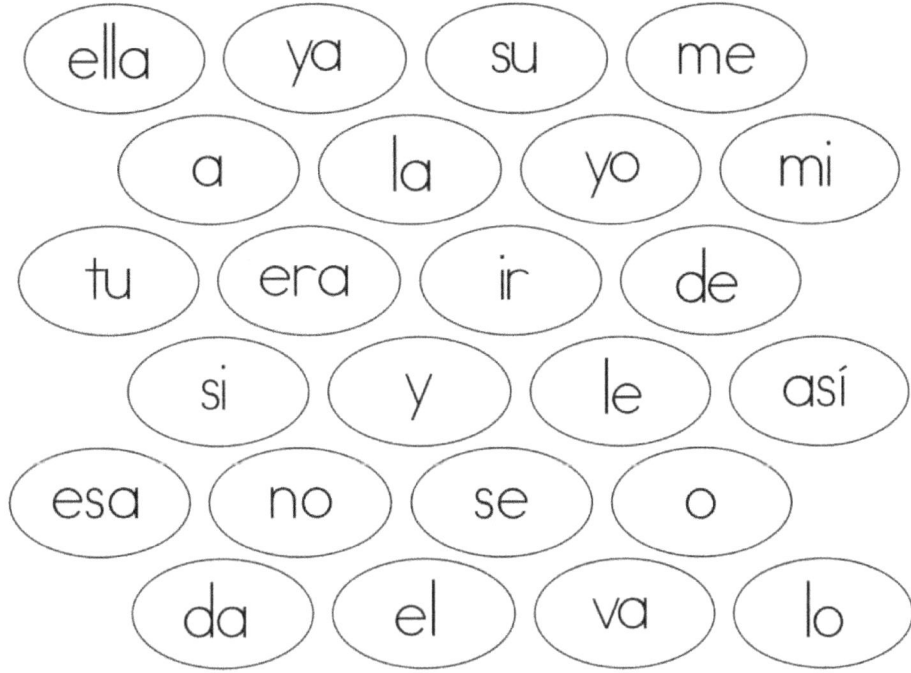

1. ¿Cuántas palabras hay? ☐
2. Colorea las letras vocales en cada palabra.
3. Léele cada palabra a un amigo.
4. Escribe una oración usando alguna de estas palabras.

Nombre:_____

Páginas de práctica

Palabras

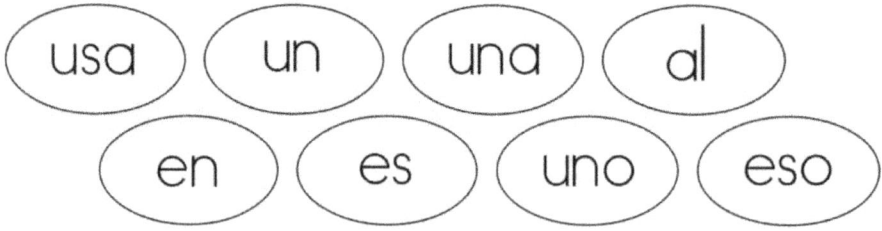

1. ¿Cuántas palabras hay? ☐
2. Colorea las letras vocales en cada palabra.
3. Léele cada palabra a un amigo.
4. Escribe una oración usando alguna de estas palabras.

5. Dibuja tu oración:

Nombre:_____

Páginas de práctica

Palabras

1. ¿Cuántas palabras hay? ☐
2. Colorea las letras vocales en cada palabra.
3. Léele cada palabra a un amigo.
4. Escribe una oración usando alguna de estas palabras.

5. Dibuja tu oración:

Nombre:_____

Páginas de práctica

Palabras

1. ¿Cuántas palabras hay? ☐
2. Colorea las letras vocales en cada palabra.
3. Léele cada palabra a un amigo.
4. Escribe una oración usando alguna de estas palabras.

5. Dibuja tu oración:

Nombre:_____

Páginas de práctica

Palabras

1. ¿Cuántas palabras hay? ☐
2. Colorea las letras vocales en cada palabra.
3. Léele cada palabra a un amigo.
4. Escribe una oración usando alguna de estas palabras.

5. Dibuja tu oración:

Nombre:_____

Páginas de práctica

Palabras

1. ¿Cuántas palabras hay? ☐
2. Colorea las letras vocales en cada palabra.
3. Léele cada palabra a un amigo.
4. Escribe una oración usando alguna de estas palabras.

5. Dibuja tu oración:

Lectura

Nombre:_____

Páginas de práctica

Lectura
1. Lee la oración, haz un óvalo a cada palabra, cuenta el número de palabras en la oración y escribe ese número en el cuadrado.
2. Subraya las letras vocales de rojo en la oración y las letras consonantes con color negro.
3. Haz un dibujo que vaya con el significado de la oración.

Yo tomo mi sopa.

Dibujo:

Nombre:_____

Páginas de práctica

Lectura
1. Lee la oración, haz un óvalo a cada palabra, cuenta el número de palabras en la oración y escribe ese número en el cuadrado.
2. Subraya las letras vocales de rojo en la oración, las letras consonantes con color negro y el dígrafo con color amarillo.
3. Haz un dibujo que vaya con el significado de la oración.

Nico come el chocolate en la mesa.

Dibujo:

Nombre:_____

Páginas de práctica

Lectura
1. Lee la oración, haz un óvalo a cada palabra, cuenta el número de palabras en la oración y escribe ese número en el cuadrado.
2. Subraya las letras vocales de rojo en la oración, las letras consonantes con color negro y el dígrafo con color amarillo.
3. Haz un dibujo que vaya con el significado de la oración.

A las ocho Paquita camina en la arena.

Dibujo:

Nombre:_____

Páginas de práctica

Lectura
1. Lee la oración, haz un óvalo a cada palabra, cuenta el número de palabras en la oración y escribe ese número en el cuadrado.
2. Subraya las letras vocales de rojo en la oración, las letras consonantes con color negro y el dígrafo con color amarillo.
3. Haz un dibujo que vaya con el significado de la oración.

Pipo es mi perro marrón.

Dibujo:

Nombre:_____

 Páginas de práctica

Lectura
1. Lee la oración, haz un óvalo a cada palabra, cuenta el número de palabras en la oración y escribe ese número en el cuadrado.
2. Subraya las letras vocales de rojo en la oración, las letras consonantes con color negro y el dígrafo con color amarillo.
3. Haz un dibujo que vaya con el significado de la oración.

El perrito come rápido en el patio.

Dibujo:

Nombre:_____

 Páginas de práctica

Lectura

1. Lee la oración, haz un óvalo a cada palabra, cuenta el número de palabras en la oración y escribe ese número en el cuadrado.
2. Subraya las letras vocales de rojo en la oración, las letras consonantes con color negro y el dígrafo con color amarillo.
3. Haz un dibujo que vaya con el significado de la oración.

Yo uso mi chaleco amarillo. ☐

Dibujo:

Nombre:_____

Páginas de práctica

Lectura

1. Lee la oración, haz un óvalo a cada palabra, cuenta el número de palabras en la oración y escribe ese número en el cuadrado.
2. Subraya las letras vocales de rojo en la oración, las letras consonantes con color negro y el dígrafo con color amarillo.
3. Haz un dibujo que vaya con el significado de la oración.

Yo tengo las llaves de mi casa.

Dibujo:

Nombre:_____

Páginas de práctica

Lectura
1. Lee la oración, haz un óvalo a cada palabra, cuenta el número de palabras en la oración y escribe ese número en el cuadrado.
2. Subraya las letras vocales de rojo en la oración, las letras consonantes con color negro y el dígrafo con color amarillo.
3. Haz un dibujo que vaya con el significado de la oración.

El bebé llora en la noche.

Dibujo:

Nombre:_____

Páginas de práctica

Lectura
1. Lee la oración, haz un óvalo a cada palabra, cuenta el número de palabras en la oración y escribe ese número en el cuadrado.
2. Subraya las letras vocales de rojo en la oración, las letras consonantes con color negro y el dígrafo con color amarillo.
3. Haz un dibujo que vaya con el significado de la oración.

Llueve muy fuerte y mi carro está afuera.

Dibujo:

- 296 -

Nombre:_____

Páginas de práctica

Lectura

1. Lee la oración, haz un óvalo a cada palabra, cuenta el número de palabras en la oración y escribe ese número en el cuadrado.
2. Subraya las letras vocales de rojo en la oración, las letras consonantes con color negro y el dígrafo con color amarillo.
3. Haz un dibujo que vaya con el significado de la oración.

Yo soy un buen estudiante. ☐

Dibujo:

Nombre:_____

Páginas de práctica

Lectura
1. Lee la oración, haz un óvalo a cada palabra, cuenta el número de palabras en la oración y escribe ese número en el cuadrado.
2. Subraya las letras vocales de rojo en la oración, las letras consonantes con color negro y el dígrafo con color amarillo.
3. Haz un dibujo que vaya con el significado de la oración.

Hay muchos niños en la fiesta.

Dibujo:

Nombre:_____

Páginas de práctica

Lectura
1. Lee la oración, haz un óvalo a cada palabra, cuenta el número de palabras en la oración y escribe ese número en el cuadrado.
2. Subraya las letras vocales de rojo en la oración, las letras consonantes con color negro y el dígrafo con color amarillo.
3. Haz un dibujo que vaya con el significado de la oración.

Ana tiene una casita muy pequeña.

Dibujo:

Nombre:_____

Páginas de práctica

Lectura
1. Lee la oración, haz un óvalo a cada palabra, cuenta el número de palabras en la oración y escribe ese número en el cuadrado.
2. Subraya las letras vocales de rojo en la oración, las letras consonantes con color negro y el dígrafo con color amarillo.
3. Haz un dibujo que vaya con el significado de la oración.

El ñandú llega al zoológico.

Dibujo:

Sílaba tónica

La sílaba tónica es la sílaba en una palabra donde recae la mayor fuerza de voz.

Nombre: _____

Páginas de práctica

Sílaba tónica

1. Corta las sílabas y pégalas en orden correcto para formar la palabra. Luego dibuja una flecha bajo la sílaba tónica de esa palabra.

cin | pi | ce | ci | co | llo | ne

Nombre:_____

Páginas de práctica

Sílaba tónica

1. Corta las sílabas y pégalas en orden correcto para formar la palabra. Luego dibuja una flecha bajo la sílaba tónica de esa palabra.

al | co | re | zas | ce | re | cir | ce

Nombre:_____

Páginas de práctica

Sílaba tónica

1. Corta las sílabas y pégalas en orden correcto para formar la palabra. Luego dibuja una flecha bajo la sílaba tónica de esa palabra.

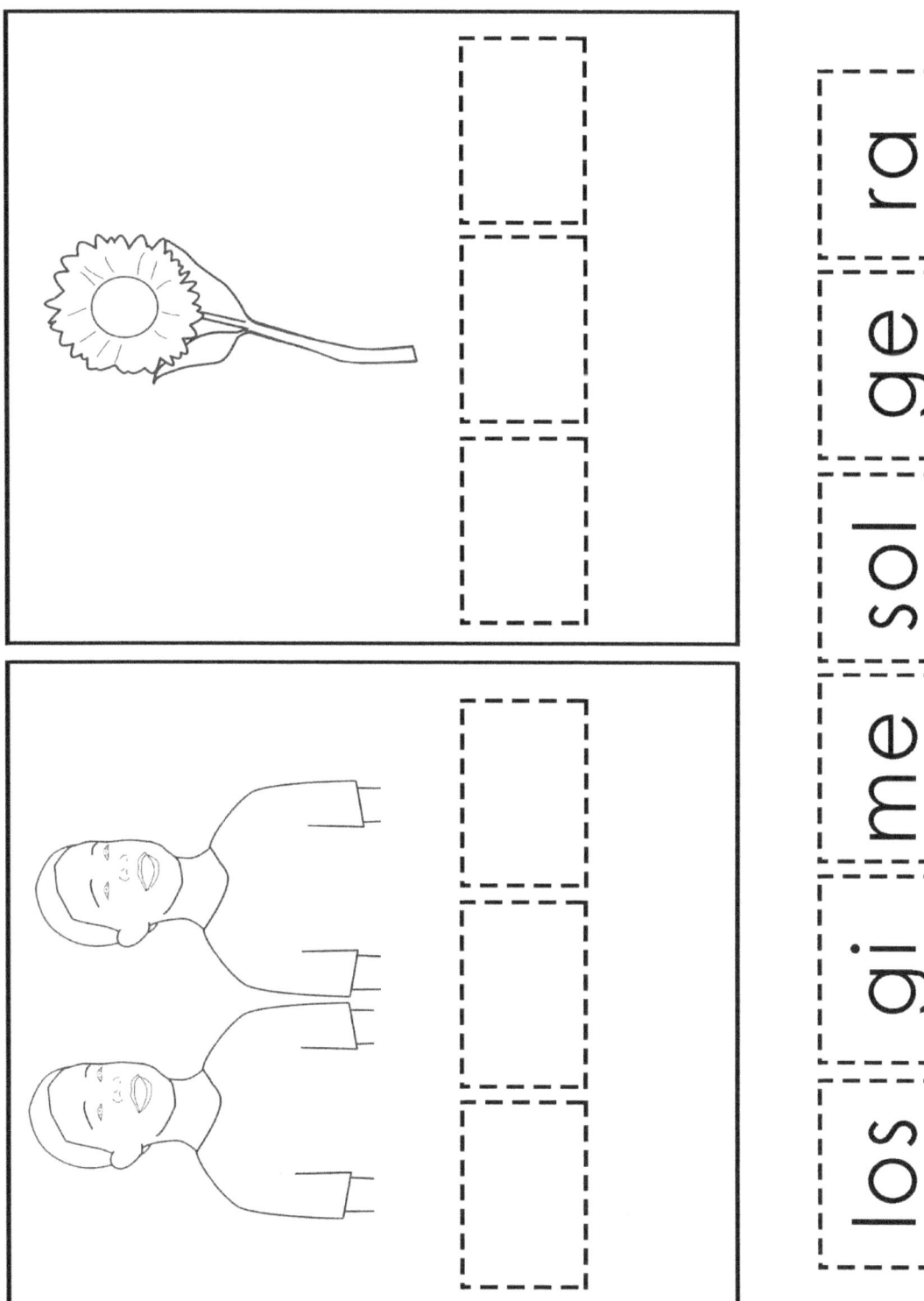

ra | ge | sol | me | gi | los

Nombre:_____

Páginas de práctica

Sílaba tónica

1. Corta las sílabas y pégalas en orden correcto para formar la palabra. Luego dibuja una flecha bajo la sílaba tónica de esa palabra.

Sílaba tónica

1. Corta las sílabas y pégalas en orden correcto para formar la palabra. Luego dibuja una flecha bajo la sílaba tónica de esa palabra.

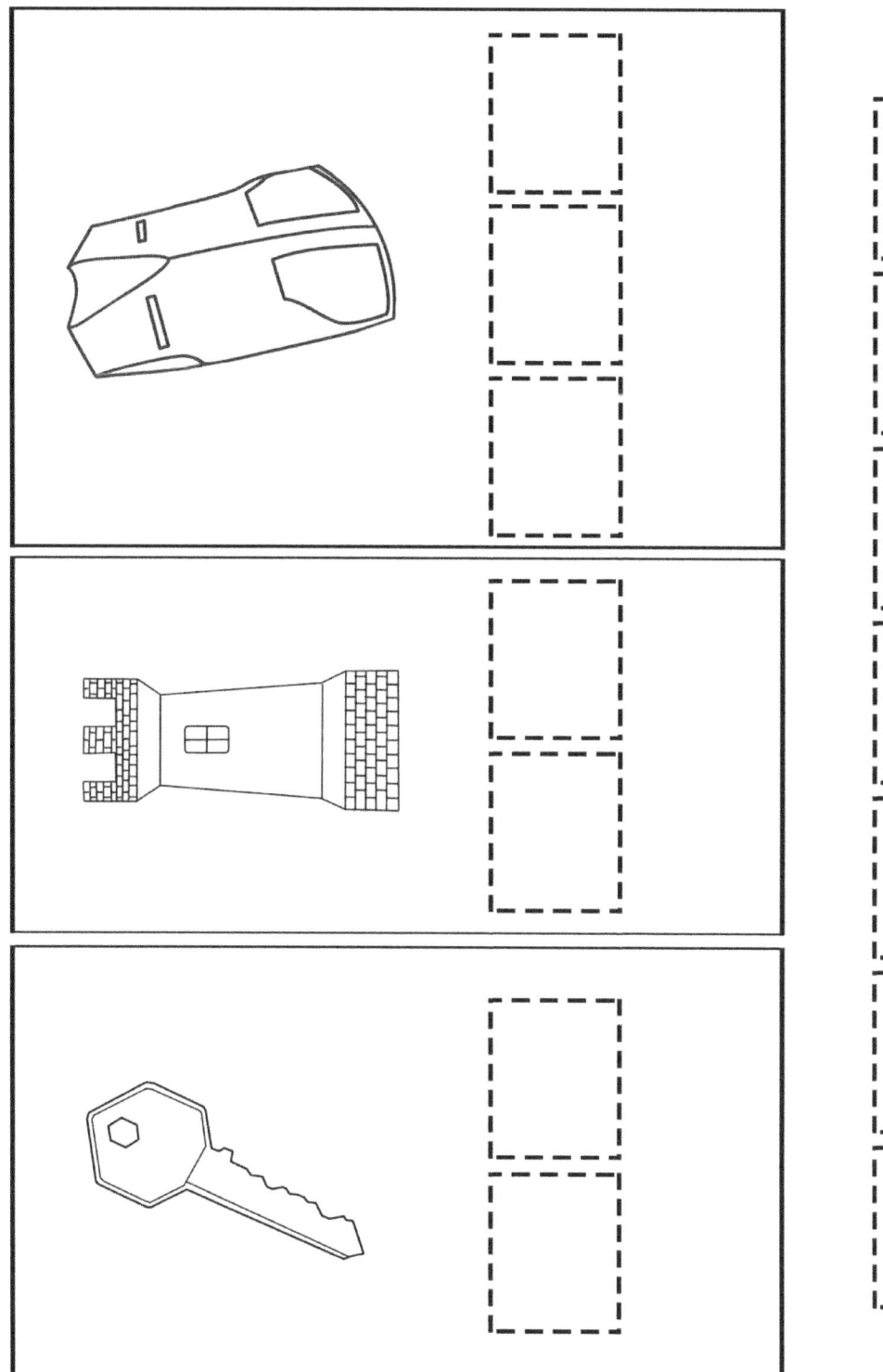

Nombre:_____

Páginas de práctica

Sílaba tónica

1. Corta las sílabas y pégalas en orden correcto para formar la palabra. Luego dibuja una flecha bajo la sílaba tónica de esa palabra.

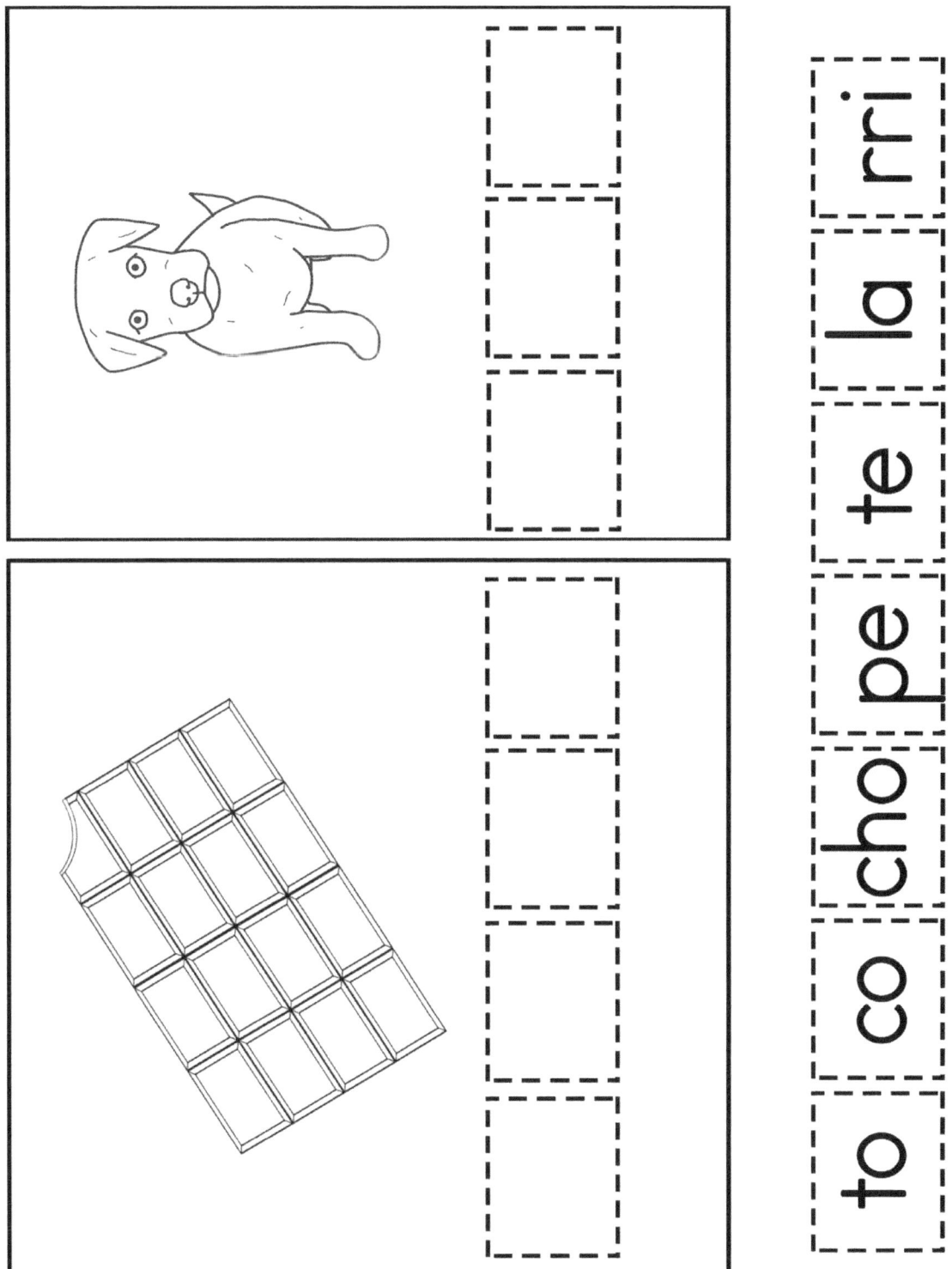

Hoja de resultados de vocabulario

Página 27: dado, galleta, yate, jirafa, jugo, gusano, música, vaca, manzana, vela, semáforo, hoja.
Página 28: mano, tenedor, cruz, soga, músico, rey, mesa, reloj.
Página 29: cabaña, chivo, cuna, cruz, araña, rey.
Página 31: rey, ventana, hacha, yo, vecinos, tornillo, web, zorro.

Página 34: mamá, muñeca, mariposa, México.
Página 35: maestra
Página 37: araña, música
Página 38: sala, sandía, señor, sapo
Página 39: signo
Página 41: señor, balde
Página 42: tía, tomate, tortuga, tienda
Página 43: tortuga
Página 45: cabaña, tijeras
Página 46: Nueva York, nutria, naranja, nene
Página 47: niño
Página 49: noche, dado
Página 50: foca, faro, foco, familia
Página 51: feliz
Página 53: cheque, foca
Página 54: papá, parque, piña, pato
Página 55: puerta
Página 57: pulpo, espárrago
Página 58: lámpara, lago, loro, lector
Página 59: letra
Página 61: luna, camisa
Página 62: collar, cama, cuna, cocina
Página 63: cometa
Página 65: dominó, cama
Página 66: huerto, hipopótamo, hermanos, horno
Página 67: hoja
Página 69: búho, hipopótamo
Página 70: botón, bosque, búho, bebé
Página 71: ballena
Página 73: hoja, bosque
Página 74: ratón, regla, río, rey
Página 75: regalo
Página 77: reloj, semáforo
Página 78: niña, ñandú, moño, baño
Página 79: cabaña
Página 81: carro, ñandú
Página 82: Gustavo, galleta, gato, gasolinera

Página 83: gusano
Página 85: olla, gato
Página 86: Daniel, delfín, dulcería, ducha
Página 87: delfín
Página 89: dinero, foco
Página 90: webcam, Walter, wafles, Hawái
Página 91: wafles
Página 93: web, botón
Página 94: jirafa, jardinero, jardín, jabón
Página 95: jirafa
Página 97: pollo, jaguar
Página 98: karateca, koala, kiosko, kiwi
Página 99: karate
Página 100: kiosko, chivo
Página 101: maquillaje, química, peluquería, raqueta
Página 102: química
Página 104: queso, ballena
Página 105: yate, yo, playa, yoyo
Página 106: yoga
Página 108: naranja, yo
Página 109: vecina, ventana, volcán, vaca
Página 110: vela
Página 112: volcán, cometa
Página 113: taxi, texto, extintor, xilófono
Página 114: xilófono
Página 115: uvas, texto
Página 116: zorro, zapatería, zapato, zumo
Página 117: zapatería
Página 119: zorro, yoyo
Página 120: cereal, circo, cine, cirujano
Página 121: circo
Página 123: sopa, cinco
Página 124: girasol, gemelos, gimnasio, gelatina
Página 125: gelatina
Página 127: gemelos, vela
Página 128: cheque, chimenea, chivo, chofer
Página 129: chocolate

Página 131: baño, chofer
Página 132: arrugas, tarro, torre, perrito
Página 133: gorro
Página 135: arrugas, jardín

Página 136: llave, llanta, olla, calle
Página 137: lluvia
Página 139: llave, bota

Página 153: burro, huevo, espárrago, uña, semilla, soda, maestra
Página 155: manzana, soga, músico, caballo, dado, luna, camisa, chaleco
Página 157: naranja, piña, faro, helado, familia, pato, pelota, maestro
Página 159: tortuga, mesa, silla, sandía, micrófono, mono, mango, sapo
Página 163: bota/botas, flor/flores
Página 165: pato/patos, jabón/jabones
Página 167: plátano/plátanos, lápiz/lápices
Página 170: el mango, la sopa, el semáforo, la taza, el teclado, la moneda
Página 171: el faro, la puerta, la naranja, el pollo, la foca, el nido
Página 172: el libro, la camisa, la cometa, el hilo, el horno, la lámpara
Página 173: la uña, la ballena, la bota, la repisa, el río, la cabaña
Página 174: la galleta, el dominó, el dinero, la wincha, el dedo, la gota
Página 175: la joya, la raqueta, el ekeko, el kimono, el queso, la jaula
Página 176: la ventana, el yoyo, la playa, el texto, el xilófono, la vicuña
Página 177: la zanahoria, la página, la cereza, el cepillo, el gimnasio, el zumo
Página 178: la lluvia, la chimenea, el gorro, el chaleco, el espárrago, la olla
Página 179: el tomate, la nube, el parque, el balde, la mano, la noche
Página 180: la cruz, el lápiz, la web, el jaguar, la calle, la llave
Página 182 resultados: El plátano es amarillo. / La camisa es blanca.
Página 183 resultados: El zapato es negro. / La naranja es anaranjada. / La mariposa es morada.
Página 190: los micrófonos, las sodas, las semillas, los trompos, los tornillos, las mariposas
Página 191: las naranjas, los focos, los nidos, las fresas, los pulpos, las puertas
Página 192: las letras, las camisas, los conejos, los huesos, las hachas, los libros
Página 193: las arañas, los burros, los botones, las rosas, las ramas, las bañeras
Página 194: los guantes, los dulces, las duchas, las webcams, las winchas, las gotas
Página 195: los jugos, los ekekos, los quesos, las jaulas, los kimonos, las raquetas
Página 196: los taxis, los volcanes, los yates, las yemas, las vicuñas, los extintores
Página 197: los cereales, los zorros, las cerezas, las gelatinas, los geranios, los zapatos
Página 198: los cheques, los tarros, las torres, las llantas, las ollas, las vicuñas
Página 200: resultados: Las fresas son rojas. / Los patos son amarillos. / Los huevos son blancos.
Página 201: resultados: Los micrófonos son negros./Las zanahorias son anaranjadas./Las uvas son moradas.
Página 207: resultados: Una mariposa es morada. / Un mango es dulce.
Página 209: resultados: Una cama es suave. / Un volcán es grande.
Página 215: resultados: Unas fresas son pequeñas. / Unas zanahorias son grandes.
Página 216: resultados: Unos espárragos son grandes. / Unos huevos son pequeños.

www.ingramcontent.com/pod-product-compliance
Lightning Source LLC
Chambersburg PA
CBHW081505080526
44589CB00017B/2659